As Origens do Fascismo

Coleção Khronos
Dirigida por J. Guinsburg

Equipe de realização – Tradução: Elisabete Perez; Revisão: Mary Amazonas Leite de Barros; Produção: Ricardo W. Neves e Sylvia Chamis.

Robert Paris

As Origens do Fascismo

EDITORA PERSPECTIVA

Título do original francês

Les Origines du Fascisme

© FLAMMARION, 1972, Paris

Reimpressão da 1.ª Edição

Direitos em língua portuguesa reservados à
EDITORA PERSPECTIVA S.A.
Avenida Brigadeiro Luís Antonio, 3025
01401 - São Paulo - SP - Brasil
Telefones: 885-8388/885-6878
1993

SUMÁRIO

CRONOLOGIA 7

PRIMEIRA PARTE: OS FATOS 15

1. As condições específicas do desenvolvimento econômico italiano 16
2. Nacionalismo e expansionismo: A Associação Nacionalista Italiana 26
3. O sindicalismo revolucionário 35
4. As origens literárias e o Partido Político Futurista 42
5. Guerra e pós-guerra 52
6. A fundação dos *fasci italiani di combattimento* 62
7. 1920, o ano da guinada: Revolução ou reação 70
8. O Partido Nacional Fascista e a "marcha sobre Roma" 81

SEGUNDA PARTE: ELEMENTOS DO DOSSIÊ E SITUAÇÃO DO PROBLEMA 87

Documentos 88
Julgamentos dos contemporâneos 102
Problemas e querelas de interpretação 104
Bibliografia 126

CRONOLOGIA

FATOS OCORRIDOS NA ITÁLIA

20 set. 1918	Publicação de *Roma futurista* e do Manifesto do Partido Político Futurista.
3 novembro	Vitória de Vittorio Veneto.
4 novembro	Armistício austro-italiano.
22 dezembro	Publicação de *Il Soviet* (Bordiga).
5-6 janeiro 1919	Primeiro Congresso de L'Unione Italiana del Lavoro.
18 janeiro	Fundação do Partido Popular Italiano.
Janeiro 1919	Congresso da C.G.L.
18 março	A Direção do P.S.I. adere à Terceira Internacional.
23 março	Fundação dos *Fasci di combattimento*.
15 abril	Incêndio de *l'Avanti!*
13-15 maio	Fundação da Unione Socialista Italiana.
6 junho	Publicação do Manifesto dos Fasci.
7 junho	Publicação de *L'Ordine Nuovo* (Tasca, Gramsci).
14 junho	Congresso do Partido Popular Italiano: 55 895 adesões.
20-21 julho	Greve geral contra a intervenção na Rússia.
Julho-agosto	Polêmica da *Stampa* sobre Caporetto.
12 setembro	Ocupação de Fiume.

FORA DA ITÁLIA

11 nov. 1918	Armistício franco-alemão.
14 dezembro	"Eleições cáqui" na Grã-Bretanha.
Janeiro 1919	"Semana sangrenta" de Buenos Aires.
15 janeiro	Assassinato de Rosa Luxemburgo e Karl Liebknecht.
19 fevereiro	Atentado contra Clemenceau.
2-7 março	Primeiro Congresso da Internacional Comunista.
21 março	Bela Kun no poder.
10 abril	Assassinato de Zapata.
11 abril	O Congresso de Versalhes adota a Carta Internacional do Trabalho.
16 abril	Motim dos marinheiros franceses no Mar Negro.
20-22 abril	Congresso Socialista de Paris.
4 maio	China: Início do "Movimento de 4 de maio".
28 junho	Assinatura do Tratado de Versalhes.
Julho	Alguns membros da A.F.L. (E.U.A.) pedem restrições para a imigração.
19 julho	Mao Tsé-Tung organiza movimentos estudantis.
5 agosto	Kemal revolta-se contra o Sultão.
19 setembro	Tratado de Trianon.
14 novembro	Entrada de Horthy em Budapeste.
16 novembro	Eleições francesas: Câmara Bleu Horizon.
27 novembro	Tratado de Neuilly.
	Sorel publica *Matériaux pour une théorie du prolétariat*.

FATOS OCORRIDOS NA ITÁLIA

5 outubro	XVI Congresso do P.S.I. que confirma a adesão à Terceira Internacional.
9-10 outubro	Congresso fascista de Florença.
15 novembro	Eleições.
17 novembro	Bomba fascista em Milão.
20-23 dezembro	III Congresso de l'Unione Sindacale Italiana em Parma.
21 dezembro	Governo Nitti.
7 março 1920	Reunião nacional dos industriais em Milão.
28 mar. - 24 abr.	"Greve das agulhas".
30 março	Discurso da expiação do reformista Claudio Treves.
8-12 abril	Congresso do Partido Popular em Nápoles.
9 janeiro	Demissão de Nitti. Giolitti o sucede (o II).
26 janeiro	Sublevação de Ancona.
3 agosto	Evacuação da Albânia.
18 agosto	Fundação da Confagricoltura.
28 ago. - 27 set.	Ocupação das fábricas.
30 agosto	D'Annunzio publica os Estatutos de Quarnero.
21 setembro	O *Avanti!* publica as "21 condições" para a admissão na Internacional Comunista.
12 novembro	Tratado ítalo-iugoslavo de Rapallo.
21 novembro	Ataque do Palazzo Accursio de Bolonha.
20 dezembro	Expedição fascista a Ferrara.
24-26 dezembro	"Natal de Fiume".

FORA DA ITÁLIA

17 janeiro 1920	Deschanel, Presidente da República.
20 janeiro	Ministério Millerand.
25-29 fevereiro	Congresso socialista em Estrasburgo.
12-25 março	Na Alemanha: golpe armado de Lüttwitz-Kapp.
18-26 abril	Conferência de San Remo.
29 abril	Kemal, Presidente da Grande Assembléia Nacional Turca.
4 junho	Tratado de Trianon.
Julho	O exército francês em Damas.
21 jul. - 6 ago.	II Congresso da Internacional Comunista.
7-8 agosto	Na Alemanha, criação do N.S.D.A.P.
10 agosto	Tratado de Sèvres.
15 agosto	O Exército Vermelho diante de Varsóvia.
1.º-5 setembro	Congresso de Baku dos Povos do Oriente.
24 setembro	Millerand sucede a Deschanel.
12-17 outubro	Na Alemanha: Congresso Comunista de Halle.
Novembro	Harding, Presidente dos Estados Unidos.
5 dezembro	Na Grécia: plebiscito que decide a volta de Constantino.
25-30 dezembro	Congresso de Tours: nascimento do Partido Comunista Francês.
	Keynes publica *Les conséquences économiques de la paix;* Lênin, *Le Gauchisme;* Trótsky, *Terrorisme et Communisme.*

FATOS OCORRIDOS NA ITÁLIA

15-21 jan. 1921	Congresso de Livorno do Partido Socialista Italiano. Fundação do Partido Comunista da Itália.
Fevereiro	Congresso de Livorno da C.G.L.
25 fevereiro	Fundação em San-Bartolomeo-in-Bosco do primeiro sindicato fascista.
23 março	Atentado anarquista no teatro Diana de Milão.
15 maio	Eleições. Trinta e cinco deputados fascistas.
21 junho	Primeiro discurso de Mussolini na Câmara.
23 junho	Demissão de Giolitti.
4 julho	Governo Bonomi.
6 julho	Primeira manifestação em Roma dos *Arditi del popolo*.
21 julho	Tiroteio de Sarzana.
2 agosto	Pacto de pacificação entre os socialistas e os fascistas.
10-15 outubro	Congresso de Milão do Partido Socialista.
7-10 novembro	Congresso de Roma do *Fascio*. Constituição do Partido Nacional Fascista.
15 novembro	Os fascistas denunciam o "pacto de pacificação".
29 dezembro	O Banco de Desconto suspende seus pagamentos.
17-22 jan. 1922	Conselho Nacional do Partido Socialista.
24-25 janeiro	Formação, em Bolonha, da Confederação Nacional das Corporações Sindicais, que publica *Il lavoro d'Italia*.

FORA DA ITÁLIA

16 janeiro 1921	Ministério Briand.
24-29 janeiro	Conferência de Paris.
27 fev. - 3 mar.	Conferência de Londres.
2-17 março	Sublevação de Cronstadt.
12 março	Tratado de Riga.
16 março	Tratado Comercial anglo-soviético; Tratado russo-turco.
18 março	Tratado de paz entre a Polônia e a Rússia.
18-28 março	Na Alemanha, "ação de março".
Abril-junho	Greve dos mineiros britânicos.
16 maio	Reatamento das relações diplomáticas entre a França e o Vaticano.
22 jun. - 12 jul.	III Congresso da Internacional Comunista.
21 julho	Abd el-Krim derrota os espanhóis em Anual.
29 julho	Hitler é eleito presidente do N.S.D.A.P.
25 agosto	Paz germano-americana, em separado.
20 outubro	Paz de Angora.
29 outubro	Conferência de Washington.
10 novembro	Anatole France, Prêmio Nobel de Literatura.
26-31 dezembro	Congresso de Marselha do P.C.F. (S.F.I.C.)
5-12 jan. 1922	Conferência de Cannes.
14 janeiro	Na França, cisão da C.G.T.
15 janeiro	Governo Poincaré.
6 fevereiro	Acordo Naval de Washington.

FATOS OCORRIDOS NA ITÁLIA

25 janeiro	Fundação da revista *Gerarchia*.
2 fevereiro	O rei recusa a demissão de Bonomi.
6 fevereiro	Achille Ratti, cardeal de Milão, é eleito papa sob o nome de Pio XI.
18 fevereiro	Queda do governo Bonomi, Facta sucede-o em 25.
20 fevereiro	Formação da Aliança do Trabalho.
20-24 março	Congresso de Roma do Partido Comunista da Itália.
1.º maio	Há oficialmente quatrocentos e dez mil desempregados na Itália.
	Os fascistas preparam os acontecimentos.
12 maio	Balbo ocupa Ferrara.
23-24 maio	Congresso dos Trabalhadores da Terra.
29-30 maio	Balbo ocupa Rovigo, depois Bolonha.
2 junho	Mussolini convida seus hierarcas à moderação.
13 julho	Os fascistas tomam e saqueiam Cremona.
26 julho	Os fascistas ocupam Rimini.
1.º agosto	Greve legalitária.
1.º-4 outubro	Congresso em Roma do Partido Socialista.
8 outubro	Congresso constitutivo do Partido Liberal.
17 outubro	Congresso Nacional da Confindustria.
24 outubro	Congresso de Nápoles do Partido Nacional Fascista.

FATOS OCORRIDOS NA ITÁLIA

26 outubro	Ultimatum de Mussolini.
27 outubro	Queda do governo Facta.
28 outubro	O rei recusa assinar o decreto sobre o estado de sítio.
29 outubro	Início da "marcha sobre Roma".

FORA DA ITÁLIA

15 fevereiro	Abertura da Corte Internacional de Haia.
2-5 abril	Conferência sobre as Três Internacionais.
3 abril	Stálin, secretário-geral do Partido Comunista da Rússia.
10 abr. - 19 maio	Conferência de Gênova.
16 abril	Rapallo.
16 jun. - 20 jul.	Conferência de Haia.
24 junho	Assassinato de Rathenau.
5 julho	No Brasil, primeira revolta tenentista.
Julho	Primeiro Congresso do Partido Comunista da China.
26 ago. - 8 set.	Vitórias turcas sobre os gregos.
11 outubro	Armistício greco-turco.
	Reconstituição da Ku Klux Klan.
15 outubro	Na Inglaterra, vitória eleitoral dos conservadores.
19 outubro	Demissão de Lloyd George.
23 outubro	Governo Bonar Law.
4 nov. - 15 dez.	IV Congresso da Internacional Comunista.
30 dezembro	Fundação da U.R.S.S.

PRIMEIRA PARTE:

OS FATOS

CAPÍTULO I

As Condições Específicas
do Desenvolvimento Econômico Italiano

Sejam quais forem os conceitos empregados: ausência ou atraso da revolução burguesa, ausência de revolução agrária ou de Reforma e, portanto, de ética protestante que encontrasse sua sanção na poupança, o processo de acumulação do capital italiano foi extremamente penoso. "Revolução conservadora", o *Risorgimento* realizou-se essencialmente sob a dupla proteção, ou protetorado do capital francês e britânico. Foi, em grande parte, como agente desse capital estrangeiro que a pequena Piemonte, entorpecida pela Sardenha desde 1847, empreendeu a conquista e a colonização do resto da Itália: conquista do Sul pelo Norte, dos campos pelas cidades.

Alguns, como Gramsci, insistiram, a respeito sobre a ausência de revolução agrária e, portanto, sobre o caráter dualista da sociedade italiana: um Sul agrário e pobre, sujeito à pilhagem de um Norte industrial e conquistador. Daí por que, para Gramsci, a solução revolucionária para os problemas italianos residiria na aliança do proletariado industrial do Norte e o campesinato pobre do Sul: posição aliás já desenvolvida por um "reformista conseqüente" como Salvemini.

Isto significava esquecer, como depois o demonstrou Rosario Romeo (*Risorgimento e capitalismo,* Bari, 1959), que essa ausência de revolução agrária foi uma das chaves, talvez a mais importante, da acumulação do capital na Itália. O capital, como assinala Rosa Luxemburgo, se acumula e reproduz destruindo os modos de produção arcaicos, — neste caso: a economia agrícola. A presença da pequena propriedade rural na Itália teria certamente constituído um sério obstáculo a essa acumulação e a essa transformação. A grande propriedade, ao contrário, com suas relações de produção "semifeudais", favoreceu-a inegavelmente. O elemento decisivo desse processo foi, indubitavelmente, a venda pública dos bens do clero — 700 000 hectares — na Itália do Sul após 1866. Enquanto a grande propriedade se solidificava, o capital que poderia ser investido na nascente indústria napolitana era destinado à compra de terras.

A "aliança" que Salvemini e, depois dele, Gramsci, julgavam descobrir entre os industriais do Norte e os proprietários de terras do Sul era na verdade apenas a expressão política, parcialmente mistificada, de uma relação estrutural mais profunda e, em suma, de uma estrutura unitária na qual a grande propriedade meridional constituía tão-somente um momento — indispensável — do desenvolvimento do capital. Para expressar essa relação, os conceitos de "conquista", de "pilhagem" ou mesmo de "colonização" eram efetivamente menos adequados que o de imperialismo.

Contudo, na época da Primeira Guerra Mundial, o capitalismo italiano não chegara a realizar essa transformação do setor agrário que deveria ter acompanhado o desenvolvimento do capital. Aí estaria um dos elementos principais da crise do pós-guerra: ocupações de terras e, no plano político, surgimento de um partido camponês, bastante próximo do que haviam sido os Socialistas Revolucionários na Rússia, o Partido Popular.

O período do câmbio-livre

Essa tarefa de destruição e de transformação da agricultura fora contudo empreendida durante os vinte primeiros anos da Itália unificada. O livre-cambismo da classe dirigente italiana, a começar por Cavour, favorecendo a penetração do capital francês e britânico, contribuiu para se fazer *tabula rasa* das estruturas industriais obsoletas do Sul e para fixar os termos, em escala nacional, da "divisão do trabalho". Esse livre-cambismo favoreceu efetivamente o desenvolvimento da agricultura italiana: o índice da produção agrícola (1938 = 100) deveria passar de 44,3 em 1851 a 65,9 em 1880, enquanto as exportações agrícolas não cessavam de aumentar. A renda fundiária acompanhava essa progressão. Era, todavia, uma forma de acumulação forçada: salários e consumo dos trabalhadores agrícolas permaneceram estacionários durante esse período.

O sistema fiscal, o mais pesado da Europa segundo alguns, drenava uma boa parte desses rendimentos agrícolas para investi-los em empreendimentos públicos como as rodovias e ferrovias, infra-estruturas indispensáveis ao desenvolvimento do capital industrial. Como a maior contribuição era feita pelos rendimentos agrícolas, essa política fiscal encorajava-os a investirem, ainda timidamente, na indústria nascente. Esta permaneceu, no entanto, limitada ao setor têxtil, seda e algodão, não se cogitando ainda em constituir uma indústria pesada. Como única exceção, a indústria mecânica começou a se desenvolver ao redor de Nápoles e na Ligúria, especialmente com os estabelecimentos Ansaldo, de Gênova, fundados em 1847 e dos quais se deveria falar cada vez mais. O essencial do capital permaneceu, porém, ligado ao comércio.

Protecionismo e grande indústria

A crise de 1874, que repercutiu na Itália mais tardiamente, determinou uma queda dos preços agrícolas. Enquanto a produção agrícola se orientava para novas culturas, principalmente, a do vinho beneficiada pela epidemia de filoxera que grassava na França, o capital começou a voltar-se para a indústria e, fato importante, parte dos trabalhadores do setor rural passou a procurar emprego nas fábricas. A abolição da cotação obrigatória, em 1883, favoreceu, além disso, o afluxo do capital estrangeiro. A transformação do sistema fiscal, levando em conta a nova relação de forças que se estabeleciam, demonstrou que eram o comércio e a indústria que forneciam daí em diante as principais contribuições.

O equilíbrio financeiro continuou contudo precário e foi necessário recorrer a empréstimos e a emissões de títulos no exterior: mais de 600 milhões, segundo Morandi. O ponto fraco continuava a ser as fontes de capitais. Ainda nessa época a agiotagem, sobretudo nas regiões do Sul, continuava a render mais que os investimentos. Industriais e produtores de cereais conseguiram impor uma reforma alfandegária (1887) que, acentuando alguns dos desequilíbrios e das dificuldades existentes, favoreceu a expansão da indústria, em particular da indústria metalúrgica, mecânica e química.

A política protecionista, que assegurava aos industriais o controle do mercado interior, encorajou os organismos de crédito a investirem. Já, em 1874, o Banca Nazionale investira em Ansaldo. A criação das empresas Franco Tosi, especializadas na produção de caldeiras (1882), e a Breda, produtora de locomotivas (1886), lançou as bases da indústria mecânica. Mas o fato mais importante foi, em 1884, a fundação dos Altos-Fornos da Terni, mantida pelo Banca Generale e pelo Credito Mobiliare e encorajada, secretamente, por subvenções do Estado. De um capital de 3 milhões, a Terni em breve passava a um capital de 16 milhões e o equivalente em obrigações. A Itália encontrava-se assim em condições de produzir aço: de 4 000 toneladas em 1885, a produção nacional de aço passava a 23 000 em 1886, e a 158 000 em 1889. O conjunto das atividades industriais continuava todavia a ser dominado pela indústria têxtil: seda e algodão.

A política protecionista, como já dissemos, acentuou alguns desequilíbrios. Esforçando-se em reduzir as importações de trigo, favorecia evidentemente as regiões — Norte e Centro — produtoras de cereais, mas bloqueava o desenvolvimento da agricultura meridional. Retardatário quanto à produção de cereais, o Sul viu-se ao mesmo tempo privado da possibilidade de exportar suas outras produções agrícolas para seus mercados "naturais", a França por exemplo, e forçado a comprar os produtos da indústria italiana, infinitamente mais caros que os dos países industriais mais avançados. Foi o nascimento efetivo da "questão meridional".

A crise que germinava desde 1887 explodiu por ocasião da crise financeira mundial dos anos 1890. Já a criação do Partido Socialista no Congresso de Gênova de 1892, depois, em 1893-1894, o movimento dos *Fasci* sicilianos, conseqüências ambos desse processo de industrialização forçada, fizeram com que novos elementos interviessem na dinâmica social: ainda que moderadamente, a concentração industrial e a produção de mais-valia iriam doravante se chocar contra a resistência do proletariado das fábricas e do campesinato pobre. Contemporâneo do escândalo de Panamá, a quebra do Banca Romana, que acarretou em 1893 a queda do primeiro governo Giolitti, marcou o fim de uma época. Uma nova prova da extrema fragilidade do capital italiano foi, aliás, dada no ano seguinte com a crise de Aduá.

A "revolução industrial"

A derrota colonial de Aduá, após o movimento dos *Fasci* sicilianos, foi pois o prelúdio da crise política e social que marcou o fim do século XIX mas também a entrada da Itália no século XX. Prefiguração do fascismo segundo alguns para: os quais Pelloux, general e homem forte, devia surgir com Crispi entre os predecessores de Mussolini, a crise de 1898 foi antes de tudo um requestionamento das instituições liberais tradicionais. Pois se Pelloux não se chocasse contra a oposição dos democratas e dos socialistas, um pouco abusivamente responsabilizados pela sublevação de Milão, em maio de 1898, a Itália teria conhecido

um regime forte, uma espécie de fascismo antecipado.
Mas o capital não era evidentemente ainda bastante
poderoso para impor sua lei e derrotar a iniciativa popular.
E o movimento operário, consciente ainda de
sua fraqueza, contentou-se frente ao perigo de apoiar
a burguesia democrata, como Engels o aconselhava
aliás a Turati.

De fato, a partir de 1896 os primeiros sinais de
progresso começaram a manifestar-se na indústria.
Esta, como o notou Luciano Cafagna, passou, desde
então, a contar com o apoio direto do Haute Banque,
que veio evidentemente somar-se aos efeitos do protecionismo.
Com exceção da crise de 1907, a expansão,
em nada diminuída pela guerra colonial de 1911, deveria
prolongar-se até a véspera da Grande Guerra.
De 61 423 milhões em 1895, a renda nacional passou
a 92 340 milhões em 1913. A produção de instrumentos
de produção, que representava 28% da produção
industrial em 1895, passou a 47% em 1913. Nascia
o grande capital italiano.

A constituição do Banca Commerciale Italiana por
um grupo industrial alemão indicara, desde 1894, a
tendência dominante do desenvolvimento industrial
desse período: a fusão do capital bancário e do capital
industrial, isto é, a aparição imediata do capital financeiro
descrito por Hilferding — particularmente visível
no domínio da siderurgia. A produção anual de ferro
e de aço passaria assim de 300 000 toneladas em 1900
a um milhão de toneladas em 1913; a energia empregada
na siderurgia, de 35 000 HP em 1900, elevava-se
a 180 000 HP em 1913; a mão-de-obra passava de
15 000 operários no início do século a 35 000 em 1913.

Essa expansão deu-se paralelamente a um processo
de concentração. Em 1902, a Società Elba, criada
em 1899 por um grupo capitalista belga para explorar
as minas da ilha de Elba, passou para o controle da
Società Siderurgica di Savona e, através desta, para o
controle da Terni, fundada — como vimos — em
1884 pelo Credito Mobiliare e o Banca Generale.
Chegamos assim em 1904 à criação da Savona-Alba.
No ano seguinte, esta fundia-se com a Società Alti
Forni di Piombino, fundada em 1897, para dar nasci-

mento à Ilva (Alti forni e acciaierie d'Italia), que passou assim a controlar os centros industriais de Piombino e de Bagnoli. A falência do Credito Mobiliare e do Banca Generale transferia, em seguida, as ações da Terni ao poder do Banca Commerciale, já de posse de boa parte das ações da Ilva por intermédio de Savona-Elba. Com o agravamento da situação financeira da siderurgia logo após a crise financeira de 1907, as principais empresas siderúrgicas italianas — Elba, Piombino, Savona, Ferriere italiane e Ligure Metallurgica — tentaram constituir com a Ilva uma sociedade de participação. De 71,7 milhões em 1900, o capital das sociedades siderúrgicas passava, na véspera da guerra, a 312 milhões.

O peso dos trustes siderúrgicos contribuiu evidentemente para frear o progresso das indústrias mecânicas, ainda incapazes, às vésperas da guerra, de responder à demanda nacional. Também aí, contudo, assistiu-se à fusão do capital bancário e do capital industrial. Assim a Breda de Milão, fundada em 1886, constituiu-se, em 1900, em sociedade anônima e atingiu assim, em 1906, um capital de 14 milhões. Enquanto a Terni, ligada como vimos à siderurgia, criava em La Spezia uma empresa especializada na construção de peças de artilharia, a Ansaldo, controlada pelo grupo Perrone, transformava-se por sua vez, em 1903, em sociedade anônima. O capital das sociedades mecânicas passou assim de 62 milhões em 1900 a 415 milhões em 1909, baixando para 379, em 1913: crescimento que resultava contudo mais da modernização das estruturas financeiras que de um progresso real.

O aparecimento de uma indústria nova, a automobilística, ramo em que não existia nenhuma concorrência, suscitou, ao contrário, um verdadeiro *boom*. De 1904 a 1907 o capital das indústrias automobilísticas na Itália passou de 8 a 90 milhões, correspondendo a 70 empresas de construção que empregavam aproximadamente 12 000 trabalhadores. Cerca da metade do capital encontrava-se contudo concentrado em Turim que contava vinte empresas automobilísticas. Entre estas, a FIAT manifestou-se rapidamente como a mais importante, com um capital que, de 9 milhões em 1906, elevou-se a 17 milhões em 1912, para elevar-se novamente a 25 milhões no momento da entrada da Itália na guerra. A empresa empregava então (1912) de 2 a 5 000 operários que provinham em sua maioria da imigração rural e de atividades artesanais em declínio. Na mesma época, as indústrias algodoeiras de Turim e dos arredores empregavam ainda perto de 110 000 operários, a metalurgia e a química, 21 000. Por mais "específica" que fosse a situação de Turim, a composição demográfica desse proletariado, "jovem" e sem tradições nas indústrias avançadas, numeroso e melhor preparado nos setores já obsoletos, prefigurava já o que viria a ser um dos elementos importantes da crise do pós-guerra: por causa da rapidez da concentração industrial, as massas operárias que deveriam se opor ao fascismo pertenciam ainda, em sua maioria, à "primeira geração".

No limiar do imperialismo

Fusão quase imediata do capital industrial e do capital bancário, intervenção freqüente do Estado em favor do grande capital: tudo na realidade ocorrera como se a economia italiana tivesse saltado a etapa do capitalismo liberal. E, efetivamente, com a aproximação da Grande Guerra, o capitalismo italiano parece ter atingido a fase do imperialismo. A conquista da Líbia obedece, assim, menos a objetivos coloniais — o que poderia ter acontecido, por exemplo, se a Itália se estabelecesse na Tunísia por volta de 1880 — que à necessidade de encontrar um campo de exportação para o capital italiano.

Certamente a conquista tentou responder também a motivos de ordem política e social. Dizia-se que ela vinha coroar o qüinquagésimo aniversário da Itália unificada. Parecia responder também às exigências da emigração: no mesmo ano, com efeito, após incidentes ítalo-argentinos, a Argentina fechou suas portas à imigração italiana. No plano político, satisfazendo completamente aos nacionalistas, ela permitiu a Giolitti, suficientemente hábil para instaurar nesse momento o sufrágio universal, garantir o apoio de uma parte dos socialistas e dos sindicalistas revolucionários.

Quando em 1878 a Inglaterra, receando ver a França aí se instalar, encorajara a Itália a estabelecer-se na Tunísia, Cairoli "prudentemente" recusara: o capital italiano não era manifestadamente suficientemente forte para se comprometer na empresa, nem mesmo para perceber sua necessidade. Alguns anos depois, as derrotas de Dogali (1887) e Aduá (1896) puseram fim aos sonhos de expansão na Etiópia. Participando, em 1900, da expedição das potências contra a China, onde obteve a magra concessão de Tsien-Tsin, comprando, na costa africana do Mar Vermelho, territórios que constituíam, em 1908, a Somália italiana, a Itália assistira tão-somente à partilha do mundo entre os grandes imperialismos.

A conquista da Tripolitânia foi empreendida, em 1911, com o estímulo do Banco de Roma, que interveio — como verifica E. Santarelli — como "o ponto mais avançado" das novas tendências expansionistas do capital italiano. Fundado em 1880 pelos meios financeiros ligados ao Vaticano, o Banco de Roma enfrentou inicialmente muitas dificuldades. Forçado, em 1894, a reduzir seu capital de 6 para 2,5 milhões, teve de, em 1898, reduzi-lo a um milhão. A influência do Credito Mobiliare, do Banca Commerciale Italiana e do Banca Generale sobre o Norte da Itália e mesmo, por intermédio do protecionismo, sobre as zonas agrícolas do *Mezzogiorno* forçou o Banco de Roma, sob a presidência de Ernesto Pacelli, a exportar seus capitais para o Oriente mediterrâneo. Só no decorrer dos anos 1905-1907, o Banco criou assim filiais e sociedades comerciais no Egito, Eritréia, Etiópia, Marrocos e Tripolitânia. Em 1907 também o Banco, que controlava, por outro lado, várias linhas de navegação para o Oriente-Próximo, criou uma Società Commerciale d'Oriente que se propôs — "pequena Companhia das Índias Moderna", nota E. Santarelli — a assegurar a penetração italiana nos territórios do decadente Império Otomano.

A jovem revolução turca de 1908, colocando alguns obstáculos à penetração do capital italiano, começou a alarmar os dirigentes do Banco de Roma. Os trâmites internacionais que levariam à instauração do protetorado francês no Marrocos acabaram por levá-los a uma decisão. Ameaçando o governo italiano de entregar, se necessário, a tutela dos interesses do Banco à Austria e à Alemanha, Pacelli forçou Giolitti a se comprometer, um pouco a contragosto, com a conquista da Tripolitânia. A Itália reproduzia assim as preocupações dos outros imperialismos, voltados igualmente para o "homem doente" da Europa: a conquista da Líbia e depois, em 1912, a guerra dos Bálcãs, prefiguraram igualmente o desmembramento do Império turco que se seguiria à Grande Guerra. Ao contrário das expedições africanas anteriores, a de Trípoli provocou na Itália um entusiasmo popular equivalente apenas ao provocado, em 1935, pela guerra da Abissínia.

CAPÍTULO II

Nacionalismo e Expansionismo:
A Associação Nacionalista Italiana

Salvemini não estava enganado, ao notar, em suas *Leçons d'Harvard*: "Se o fascismo apresenta uma doutrina coerente, deve-o ao fato de que os fascistas retomaram o conjunto da doutrina nacionalista". A entrada dos nacionalistas no Partido Nacional Fascista, a 26 de fevereiro de 1923, e a fusão dos "camisas negras" e dos "camisas azuis", fadados, estes últimos, a desaparecer, nada mais fizeram, na verdade, que sancionar formalmente uma identidade objetiva, a do "nacional-fascismo" de que falava o historiador L. Salvatorelli num panfleto dessa época. Os nacionalistas trouxeram ao fascismo esse "corpo de doutrina" sem o qual o movimento, na opinião de Mussolini, seria obrigado a "morrer ou, pior ainda, a suicidar-se".

Fascismo, nacionalismo e futurismo foram igualmente produtos da época contemporânea, da sociedade industrial e, mais precisamente, do grande capital (com exceção, talvez, do futurismo). O nacionalismo italiano surgiu com o século. Sem grandes relações com esse nacionalismo ilustrado por Petrarca ou Dante, o Cap. XXVI do *Príncipe,* ou os *Canti* de Leopardi assinalou, ao contrário, um fato nacional já realizado. O "irredentismo", contrariamente ao que se crê, não foi próprio do nacionalismo. Este antes, sonhou com outros objetivos. Desde seu nascimento foi imperialismo. "Dentro de vinte anos toda a Itália será imperialista", escrevia Corradini no final de um de seus primeiros livros. O fascismo deveria realizar esse sonho.

Corradini e "Il Regno"

Foi, aliás, o malogro do primeiro imperialismo italiano, a cruel derrota das tropas italianas em Aduá, a 1º de março de 1896, que deu origem à Associação Nacionalista Italiana de 1910. Surpreendido pelo desastre, — de seis a dez mil soldados massacrados, o governo forçado a se demitir, a política de recuo que se anunciava — um jovem intelectual vindo do sindicalismo revolucionário, Enrico Corradini, começou então a agitar os sonhos de vingança. "Escritor e jornalista brilhante", como o definiu uma Enciclopédia publicada sob o fascismo, Corradini sofreu então a influência do nacionalismo francês, fruto, por sua vez, da derrota de 70. Esse nacionalismo, mesclado a influências sorelianas em Corradini, de Gobineau e de Maurras em Francesco Coppola, deveria contribuir, segundo os termos de Gentile, para "reformar profundamente a mentalidade política" das "classes intelectuais" italianas.

O teatro e os romances de Corradini contribuíram para difundir esses temas. Enquanto *Giulio Cesare,* drama em cinco atos (1902), exaltava o *imperator* e a lenda da Roma Imperial, *La Patria lontana* (1910) punha em cena um nacionalista e um anarco-sindicalista emigrados para a América Latina e *La Guerra lontana* (1911), mais explícita ainda, "demonstrava" a "necessidade vital" da colonização. O escritor, aliás, era medíocre, — tagarela, prolixo, muito inclinado à retórica. Tinha, de fato, apenas uma idéia: "ensinar à Itália o valor da luta internacional", da mesma maneira que o socialismo ensinara ao proletariado o da luta de classes.

A fundação da revista *Il Regno,* a 7 de novembro de 1903, teve por objetivo reagir contra o "estado de decadência em que se encontra[va] a Nação", contra a "democracia positivista", ou, como era igualmente chamada, a "monarquia socialista". Ao sistema de Giolitti, "aparição soberana da prosa no domínio da vida política italiana", como o definia Prezzolini, os nacionalistas do *Regno* opunham o mito da Roma antiga e os *condottieri* e os navegadores, os poetas e os pintores, da Itália da Idade Média e do Renascimento. Era uma imagem da Itália em que D'Annunzio, e depois Mussolini deveriam reconhecer-se.

"La Voce"

No início de 1905 *Il Regno* deixa de aparecer, sendo, por assim dizer, substituído pela revista *La Voce,* fundada em 1908 por Prezzolini e Papini. Substituição completamente teórica, aliás. Sob os auspícios de dois antigos colaboradores de *Il Regno,* a revista publicou exatamente ao mesmo tempo liberais como Amendola, antigos socialistas como Salvemini, personagens tão inclassificáveis como Oriani e nacionalistas como Federzoni, Forges Davanzati e Papini. Sem falar, evidentemente, de Gentile e Croce. A presença destes últimos, campeões neo-hegelianos da "reação antipositivista", era talvez o símbolo do que poderia unificar correntes aparentemente tão diversas.

Herdeira, em alguns aspectos, do programa de *Il Regno, La Voce,* com efeito, se apropriara do essencial (ou do mais superficial) dessa reação antipositivista que, precisamente desde 1903, se exprimia na revista de Croce, *La Critica.* A essa irritação contra o "positivismo" — e essa palavra, evidentemente, poderia designar o que quer que fosse — vinham acrescentar-se alguns "sonhos de inquietude malsãos" (Gobetti). *La Voce* propunha-se em particular criar "um órgão fora dos partidos... que afirme os princípios superiores às lutas políticas..." Era uma das primeiras expressões dessa totalidade que, para o nacionalismo, devia realizar-se na Nação, acima das classes e dos partidos.

L'Associazione Nazionalista Italiana

Enfim, a 3 de dezembro de 1910, depois de muitas hesitações (se a Nação fosse uma totalidade, poder-se-ia fundar um partido com o risco de se opor a ela?), um Congresso constituinte reunia-se em Florença para fundar a Associação Nacionalista Italiana. Sua finalidade? — Da mesma maneira que o socialismo tirara o proletariado de seu sono e o tornara capaz de "ditar sua lei de classe às outras classes", o nacionalismo, substituindo a luta de classe pela "luta das nações", deveria, segundo Corradini, suscitar na Itália "a vontade da guerra vitoriosa". Tratava-se na verdade de opor, ao *"statu quo* europeu", um *"statu quo* italiano"*,* o *"statu quo* de nossos interesses, da Sicília a Gênova". Não acabáramos, aliás, de ter a prova de que esse *statu quo* não era imutável?

Excetuando-se a intervenção na China junto às outras potências imperialistas, foi como espectadora que a Itália viu ocorrerem as últimas mudanças. O exemplo do Japão, em particular, abalava vivamente os nacionalistas. Uma ascensão repentina, a rapidez da industrialização, a vitória sobre os russos em 1905, pareciam igualmente testemunhar as possibilidades de um país que, cercado totalmente como a Itália por potências imperialistas, tinha também de resolver os problemas colocados pelo desenvolvimento de sua população. Inversamente, a anexação de Bósnia-Herzegovina à Áustria, em 1908, despertava antigos desejos, velhos ressentimentos. O que se esperava para reagir contra o que Federzoni chamava "uma política de castidade nacional"?

Capital, emigração, expansão

Isso contudo não era o essencial. Não se tratava tanto, para Corradini e os nacionalistas, de resolver os problemas exteriores por meio da expansão, — o que poderia parecer uma dispersão —, mas de operar também ou primeiramente, simultaneamente pelo menos, uma verdadeira "reforma interior". A política exterior, deveria declarar Corradini numa conferência em maio de 1911, constitui para o nacionalismo "um meio de reforma interior revolucionária. É um meio de renovar o pessoal do governo". O nacionalismo na realidade pretendia sobretudo ser — Corradini o reconheceu posteriormente, numa conferência, em dezembro de 1913 — uma "reação contra o socialismo". Nada existe, pois, de surpreendente no fato de o próprio Corradini lançar, a partir do Congresso de Florença, a fórmula do "socialismo nacional".

Era, já o dissemos, sua única idéia, mas seu grande achado: recuperar um certo populismo e transmutá-lo em nacionalismo. Um conceito — o de "nação proletária" — deveria permitir essa conversão. "Assim como, dentro dos limites de cada Estado, formou-se um conjunto de classes dominantes e um conjunto de classes dominadas, também, nas relações internacionais, existem Estados mais fortes e Estados mais fracos: Estados burgueses e Estados proletários". Uma totalidade abstrata oferecia-se assim para resolver e sintetizar; para reconciliar as classes em luta, — "inversão dialética" com que o próprio Hegel não teria ousado sonhar, mas que encontrava na filosofia de Gentile sua expressão teórica.

Alguns meses depois do Congresso de Florença, Corradini, Federzoni, Coppola, Maraviglia e Forges Davanzati começaram a publicar, em março de 1911, um pequeno hebdomadário de quatro páginas, *L'Idea Nazionale,* que se propunha representar e exprimir os interesses daqueles que o jornal designava, não sem ambigüidade, como os "produtores de riqueza". Influência soreliana transmitida por Corradini, sindicalista revolucionário arrependido? — É provável. *L'Idea Nazionale* que, desordenadamente, defendia o Estado forte e exaltava o Exército, gabava o nacionalismo econômico e a expansão colonial, praticava um culto obstinado da tradição e de Roma e recorria regularmente a uma política de prestígio, iria igualmente, através de tais fórmulas, lançar as primeiras bases teóricas daquilo que mais tarde se tornaria o corporativismo. Foi, aliás, um antigo nacionalista, — Alfredo Rocco, — quem elaborou a lei, promulgada a 3 de abril de 1926, sobre a "disciplina jurídica" nas relações de trabalho que marcou o nascimento do sistema corporativo fascista.

A esse projeto de integração do proletariado parecia opor-se, ao menos formalmente, o projeto de resolver os problemas da emigração pelo expansionismo colonial. Como todos os homens de sua geração, Corradini, que, aliás, viajara pela América Latina e pela bacia do Mediterrâneo, era particularmente sensível aos problemas apresentados pela emigração dos trabalhadores italianos. "A emigração, declarava na véspera da guerra da Líbia, significa parte do trabalho italiano abandonado a si mesmo, por toda parte; a conquista das colônias significa, ao contrário, que o trabalho italiano está sendo acompanhado, no mundo inteiro, por outras forças da nação italiana e pela própria nação". Ele mesmo pudera verificar, o que servia de apoio a sua tese diante do Congresso de Florença, que uma greve de trabalhadores italianos da Argentina fora suficiente para paralisar o país.

Tratava-se, em outras palavras, de dar ao capital italiano os meios para apropriar-se dessa mais-valia produzida fora da Itália. Da mesma maneira que o corporativismo procurava fazer do movimento operário um momento do desenvolvimento do capital italiano, a expansão colonial, "forma de emigração também, mas... da nação inteira", apresentava-se inseparável desse desenvolvimento. A derrota de Aduá, que fornecera ao capital italiano um pretexto para o investimento nas indústrias nascentes, com efeito, coincidira com o fim de uma depressão que persistia desde 1874. A evolução que se seguiu, interrompida somente por uma crise em 1907, mas destinada a prolongar-se até a véspera da Primeira Guerra Mundial, fora marcada em particular pelo aparecimento de novas relações entre o banco e a indústria pesada. Foi desse modo que, em 1894, um grupo industrial alemão constituíra o Banco Comercial Italiano que deveria, em seguida, sustentar a Associação Nacionalista Italiana.

A evolução da A.N.I.

Enquanto a política de "paz social" de Giolitti exprimia mais ou menos os interesses da indústria leve, ainda predominante na economia italiana, a indústria pesada nascente se reconhecia de preferência no nacionalismo e em sua ideologia corporativista e imperialista. A própria evolução do movimento deveria conduzi-lo efetivamente a representar apenas os interesses do grande capital. O Congresso de Florença, que misturava nacionalistas, liberais, republicanos e mazzinianos, fora bastante heterogêneo, — prefigurando com isso também os inícios do movimento fascista. O segundo Congresso da Associação Nacionalista, — Roma, 20-22 de dezembro de 1912, — marcou a separação dos democratas. Proclamou-se então, particularmente, a incompatibilidade entre o nacionalismo e a franco-maçonaria chegando-se mesmo à decisão de promover uma campanha contra esta. O Congresso de Milão, enfim, de 16 a 18 de maio de 1914, levou à ruptura com os liberais que aí representavam a indústria leve. Restaram apenas, como escreve L. Salvatorelli, os nacionalistas, — os representantes da indústria pesada, do grande capital.

Os nacionalistas possuíam apenas cinco representantes no Parlamento, entre eles Federzoni, eleitos em 1913. A guerra da Líbia, na qual Giolitti se engajara a contragosto, parecia contudo dar-lhes razão — "É nossa guerra", declarava *L'Idea Nazionale* —, aumentando ligeiramente as fileiras do movimento, que permanecia, contudo, minoritário e localizado. (Dois dos cinco deputados, no ano seguinte, foram eleitos em Roma.) Às vésperas da Primeira Guerra Mundial, o movimento começou a receber subsídios do grande capital, entre outros, da "Sociedade italiana para a fabricação de projéteis". A 3 de outubro de 1914 o pequeno hebdomadário *Idea Nazionale* pôde assim ceder lugar a um jornal diário de mesmo nome.

Face à guerra

A eclosão de 1914 devia colocar os nacionalistas em apuros. Suas simpatias dirigiam-se, evidentemente, para a Alemanha, como aliás se dirigiram para o Japão, com algumas reticências é verdade, diante da penetração do capital alemão na Itália. Mantido, de um lado, ainda que indiretamente, pelo capital financeiro alemão, *L'Idea Nazionale* era, de outro, sustentado por Agnelli, pela Terni ou pelos fabricantes de projéteis. O jornal recebeu, além disso, a visita do social-democrata alemão Südekum, encarregado de encorajar o órgão nacionalista a dirigir uma campanha para que a Itália honrasse seus compromissos junto à Tríplice. Para os nacionalistas, contudo, o importante era que, — Tríplice ou *Entente* — a Itália, pelo menos, tomasse partido, saísse da sua neutralidade. O "banho de sangue" tão desejado aí estava.

O intervencionismo, em sua maior parte, era a favor da entrada na guerra em prol da *Entente* e era difícil para os nacionalistas caminharem, no caso, contra a corrente. A Áustria, como o observou *L'Idea Nazionale,* não era a verdadeira aliada da Itália, ou era-o apenas pelo desvio da aliança alemã. Somente a Alemanha era "a aliada indispensável". Além disso — como também se verificou — interesses italianos e interesses austríacos, principalmente no Adriático, não coincidiam. Assim, a partir do fim do verão de 1914, os nacionalistas começaram a se inclinar em favor da *Entente.* O pacto de Londres de 26 de abril de 1915, que decidiu a entrada na guerra junto à *Entente,* prometeu à Itália "justas compensações" que coincidiam com a maior parte das reivindicações territoriais dos nacionalistas. Tiveram eles conhecimento do conteúdo do pacto? Aplicaram-se desde então em denunciar os "perigos do pangermanismo" e do expansionismo alemão.

Enquanto as outras correntes do intervencionismo afirmavam principalmente seu amor à democracia, sua esperança numa guerra que seria "a última das últimas" ou, mais simplesmente, a sua francofilia, os nacionalistas esforçaram-se por conferir à guerra — "sua" guerra — um caráter exclusivamente italiano. Houve assim, observa P. Alatri, "duas guerras": a dos intervencionistas de esquerda e a dos nacionalistas. Para estes, a guerra, com efeito, não podia senão confirmar suas teses. A ordem do dia de 15 de dezembro de 1918 da Associação Nacionalista, que encarecia mais uma vez as promessas do Pacto de Londres, e, logo após, a revista *Politica,* fundada no mesmo mês por F.

Coppola, insistiram ainda sobre isso: a guerra realizara "uma autêntica revolução mundial" e corroborara "os princípios essenciais da doutrina nacionalista". Rocco retorna mais uma vez ao tema no IV (e último) Congresso da Associação Nacionalista Italiana, realizado em Roma de 16 a 18 de março de 1919, alguns dias depois da fundação dos *Fasci di combattimento* por Mussolini.

CAPÍTULO III

O Sindicalismo Revolucionário

"...No grande rio do fascismo, escrevia Mussolini em 1932, encontrareis as correntes de Sorel, de Péguy, do Lagardelle do *Movimento Socialista* e da coorte dos sindicalistas italianos..." Certamente, dez anos depois da "marcha sobre Roma", enquanto a antidemocracia se preparava para se alistar com a Etiópia na corrida para o Império, tal fórmula poderia parecer abusiva. Era contudo uma dessas cartas que Mussolini gostava de pôr de lado, para tentar jogá-la ainda na derrota, no momento da República de Salo. Afinal, o socialismo nacional da República social de 1943-45 era, até certo ponto, o herdeiro (abusivo) desse sindicalismo ao qual Mussolini se dizia ligado ainda em 1932.

O apogeu do sindicalismo revolucionário foi quase contemporâneo à subida do nacionalismo italiano e à ascensão de Mussolini como chefe dos "revolucionários" do Partido Socialista Italiano, — contemporâneo também da crise de crescimento do capital financeiro italiano que devia se resolver provisoriamente com a conquista da Tripolitânia. Presidente do Conselho, quase sem interrupção, de 1902 a 1914, Giolitti inaugurara um sistema de governo que valera ao período a designação de *período da monarquia socialista*. Tratava-se, com efeito, de oferecer, ao desenvolvimento da indústria pesada e do primeiro capital financeiro italiano, um quadro político e social estável, que repousava, essencialmente, sobre a aliança tácita do proletariado industrial, enquadrado pelos reformistas, e do capitalismo nascente. A acumulação do capital tinha assim como suporte o campesinato e, mais precisamente, o campesinato pobre do Sul, esmagado pela grande propriedade.

O VIII Congresso do Partido Socialista Italiano, em abril de 1904, teve de admitir que, em escala nacional, o reformismo fora um fracasso. "...Durante três ou quatro anos", como constataria pouco depois o reformista Turati, os socialistas haviam "servido gratuitamente como policiais" a Giolitti, tirando disso possivelmente alguns benefícios, a começar pela neutralidade do governo nos "conflitos econômicos". Mas era evidente que, para toda a Itália do Sul e amplos setores do campesinato o "socialismo giolittiano" representava uma falência pura e simples. E não foi provavelmente por acaso que as primeiras críticas socialistas dirigidas a essa estratégia proviessem de meridionais: desde o "reformista conseqüente" que Salvemini pretendia ser, até o grupo de sindicalistas revolucionários que começava a florescer em Nápoles.

Os "sorelianos" italianos

O personagem tutelar desse despertar anarquista era evidentemente Georges Sorel, cuja obra Benedetto Croce e *nolens volens* Antonio Labriola contribuíram para que se conhecesse na Itália. Foi em 1898 que o jovem socialista napolitano Arturo Labriola o encontrou, por sua vez, em Paris, em casa do anarquista A. Hamon. Mas, como observa com razão E. Santarelli, não se tratava, nesse caso, de um encontro puramente intelectual. Novas camadas de trabalhadores, extremamente combativas mas desprovidas de qualquer tradição sindical ou política, começavam a manifestar-se, menos na Itália meridional que nas cidades industriais como Milão ou Turim e nas zonas de grande concentração agrícola como Emília: no Congresso de 1913 da Unione Sindacale Italiana os principais núcleos de aderentes foram os de Parma, Milão, Bolonha, Módena e Carrara. Em Nápoles, berço desse "sorelismo" italiano, alguns socialistas como Enrico Leone e Ernesto Cesare Longobardi lutavam, há muitos anos, contra o reformismo e pelo "retorno a Marx". Assim, o revisionismo de Sorel deveria concorrer inicialmente para restaurar o marxismo. Sorel, é verdade, surgia menos como o representante europeu do revisionismo de esquerda que como o crítico incansável da democracia reformista e autor de *L'Avenir socialiste des syndicats*.

Riforme e rivoluzione sociale (1904) de Arturo Labriola, *Il Sindacalismo* (1906) de Enrico Leone, para citar os dois principais representantes dessa corrente, e jornais como *Propaganda* de Nápoles e o *Avanguardia socialista* de Milão, retomaram pois alguns temas sorelianos para redefinir o marxismo como uma "teoria das revoluções sociais," uma "teoria da ação". Tal como em Sorel, e como Croce, que acabara de fundar em Nápoles *La Critica* (1903), tratava-se de reagir, a princípio, contra o positivismo, identificado aqui com o reformismo. O sindicato — e nisto residia a grande diferença com Sorel ou Pelloutier — manifestava-se menos como o instrumento da auto-emancipação do proletariado do que como o meio de realizar a revolução social, e, indiretamente, a ocasião de reencontrar no centro do marxismo uma teoria da violência revolucionária.

Era esse, evidentemente, o grande ponto de convergência com Sorel: a redescoberta da violência e, singularmente, da greve geral, que a revolução russa de 1905 deveria, aliás, reconduzir ao centro das preocupações dos revolucionários; assim, Rosa Luxemburgo... Mesmo na Itália, após as sublevações de Cerinhola, Buggerù e Castelluzzo, a grande greve geral do verão de 1904 pareceu dar razão aos sindicalistas revolucionários. Durante quatro dias — de 16 a 20 de setembro — o proletariado, conclamado a protestar contra a repressão de Castelluzzo, ocupou as fábricas e organizou Conselhos operários na maioria das grandes cidades da Itália. "Cinco minutos de ação direta, deveria constatar Labriola, valem mais que vários anos de tagarelices parlamentares." O mais notável, contudo, era que esse protesto contra a repressão na Itália meridional partira de Milão, da Câmara do Trabalho e da *Avanguardia socialista,* dirigida por Labriola.

O malogro da greve de Parma de 1908, de forma alguma mantida pela C.G.L., provocou o início da crise do movimento. Esta foi precipitada, e por assim dizer, resolvida pela guerra da Líbia. Fazia já um ano que a revista florentina *La Lupa,* dirigida por Paolo Orano, começara a reunir o sindicalista Labriola e o nacionalista Corradini. A conquista colonial acabou por desarraigar da revolução um número considerável de sindicalistas revolucionários. O mar, como declarou exageradamente Orano, vencera o socialismo. A maior parte dos "sorelianos" — Labriola, Orano, A. O. Olivetti aderiu a Corradini, D'Annunzio e Pascoli, para exaltar "a grande proletária". Alceste De Ambris, contudo, recusou-se a subscrever essa "empresa de extorsão" e Enrico Leone fez suas reservas em *Espansionismo e colonie* (1911). Mas, sob sua forma "soreliana", o sindicalismo revolucionário não era, daí por diante, mais que um nacionalismo de esquerda, anunciando, por esse mesmo motivo, o intervencionismo de esquerda de 1914.

L'Unione Sindacale Italiana

Inspirando-se igualmente em Sorel e na experiência das Bolsas do Trabalho de Pelloutier, mas muito mais marcado por influências anarquistas e menos preocupado com a reflexão teórica, o sindicalismo da U.S.I. procurou, na mesma época, encontrar no sindicato "o novo princípio diretivo de uma sociedade" que não fosse — segundo os termos do Congresso Sindical de Parma de 1907 — "a ampliação, nem a extensão da sociedade burguesa", mas "um autêntico *self-government*". No momento da criação da C.G.L., em 1906, os sindicalistas revolucionários constituíram um grupo de minoria — a "Ação direta" — sob a direção de Alceste De Ambris, secretário da Câmara do Trabalho de Parma. A 3 de novembro de 1907, um congresso dos minoritários da Ação direta, representando duzentos mil adeptos, considerou a atitude a adotar em relação à C.G.L., que não apoiara os movimentos de greve dos marinheiros e dos ferroviários. Depois que Michele Bianchi e Edmondo Rossoni propuseram a entrada em massa na C.G.L. para transformá-la internamente, o congresso adotou uma política de compromisso e determinou a criação de um Comitê de resistência destinado a coordenar a ação dos sindicalistas.

No ano seguinte, o vasto movimento de greve do proletariado industrial e dos trabalhadores agrícolas de Parma e de Ferrara, sem nenhum apoio da C.G.L., resultou num malogro, mas durante três dias, a população operária de Parma, galvanizada por De Ambris, resistiu às forças da ordem. O segundo congresso da Ação direta (Bolonha, 12 de dezembro de 1910), de que participaram Arturo Labriola e Enrico Leone, representava ainda cento e cinqüenta mil adeptos, quando a C.G.L. possuía apenas trezentos mil, as organizações católicas, cem mil e as linhas "independentes", duzentos e cinqüenta mil. Sob a direção de De Ambris, os partidários da Ação direta promoveram uma campanha contra a guerra da Líbia.

O Congresso de Módena, de 23 a 25 de novembro de 1912 proclamou enfim a constituição da Unione Sindacale Italiana, cujo órgão era o *Internazionale*. Como Alceste De Ambris e Armando Borghi estivessem então no exílio, o Comitê central compreendia entre outros, Amilcare De Ambris, irmão do Secretário da Câmara do Trabalho de Parma, Filippo Corridoni, da Unione Sindacale Milanese, Cesare Rossi e Giuseppe Di Vittorio. A U.S.I. propunha-se encorajar o proletariado a "confiar apenas em suas próprias forças... O proletariado — declarou Amilcare De Ambris — deve saber que obterá apenas o que ele mesmo souber conquistar". O manifesto da U.S.I., no ano seguinte, insistiu sobre este tema: "É uma velha e gloriosa bandeira que retomamos... a bandeira da Primeira Internacional..."

No Segundo Congresso da U.S.I. (Milão, 4 a 7 de dezembro de 1913), acharam-se representados cerca de cem mil adeptos, cuja maior parte encontrava-se em Parma (20 055), Milão (17 367), Bolonha (10 306), Módena (9 640), e Carrara (8 400). Armando Borghi obteve a aprovação de uma moção sobre a greve geral, "um dos meios eficazes de defesa e de conquista para os trabalhadores, visando à vitória definitiva da classe operária". Após a "semana vermelha" de Ancona, de junho de 1914, no decorrer da qual a U.S.I. tomou a iniciativa da greve geral, o movimento dividiu-se sobre a questão da guerra. Em 14 de setembro de 1914, enquanto Corridoni, Cesare Rossi, Michele Bianchi, Edmondo Rossoni e os irmãos De Ambris, todos partidários da intervenção, demitiam-se da U.S.I. para constituir a Unione Italiana del Lavoro, Armando Borghi obteve do Conselho Geral da União a aprovação de uma moção que concitava o proletariado a "aproveitar-se do inevitável enfraquecimento das forças do Estado e da crise geral resultante da guerra para se empenhar numa ação comum visando à derrubada dos Estados burgueses e monárquicos". A partir de 17 de abril de 1915, a U.S.I. publicou um novo jornal, *Guerra di classe*.

L'Unione Italiana del Lavoro

A atividade da Unione Italiana del Lavoro foi praticamente nula durante os primeiros anos da guerra. Com a aproximação do fim do conflito, a fim de dar um pouco de vida à organização, Edmondo Rossoni e Angelo Oliviero Olivetti começaram a publicar, a 1º de maio de 1918, o *Italia nostra* cujo objetivo era "a guerra contra o sistema capitalista e contra todas as instituições que o mantêm" e propunha, através de um artigo póstumo de Corridoni, uma "revisão sindicalista". O *Popolo d'Italia* reservou uma acolhida calorosa às iniciativas de Rossoni. Mussolini foi, em compensação, muito mais frio em relação às de De Ambris: a publicação da revista *Rinnovamento* a partir de março de 1918, logo após a constituição da Unione Socialista Italiana, de 13 a 15 de maio. Evidentemente, era uma nova manifestação da "tática" de Mussolini — mais tarde, fascista.

O Segundo Congresso da U.I.L., a 5 e 6 de janeiro de 1919, propôs um programa em que Mussolini deveria inspirar-se (ver Documento 2). Era, de certo modo, a primeira expressão elaborada desse socialismo dos produtores, para o qual convergiam, daí em diante, o intervencionismo de esquerda e o socialismo nacional. Comentando o Congresso, Rossoni observava: "O sindicalismo não teve medo da guerra; não temerá, mas fará a revolução. A história nunca pertenceu aos incapazes e aos covardes; assim o futuro não pertencerá aos 'neutros' e aos loucos desorganizados e desagregadores, mas aos que querem, aos que agem, aos que são inteligentes, aos produtores, aos audaciosos!" Este conceito de audácia constituíra precisamente o tema do primeiro artigo de Mussolini em o *Popolo d'Italia,* a 15 de novembro de 1914...

Tratava-se, em suma, de operar, ainda uma vez, uma conversão. Rossoni já o havia feito em 1914, quando, no tempo em que era membro dos I.W.W., nos Estados Unidos, mandava que nas manifestações se cuspisse na bandeira italiana. Tratava-se desta vez, tal como no folheto que o Fascio distribuiria a 1º de maio de 1919 (ver Documento 4), de reivindicar para os "produtores" o benefício da vitória. "O dinamismo sindical, expunha o jornal da U.I.L. *Battaglie,* sucessor do *Italia nostra,* numa resposta ao *Idea nazionale,* só pode se basear na luta de classes, porque a classe trabalhadora, que aspira à gestão da produção, nunca poderá atingir seu ideal a não ser através de uma série de batalhas contra a classe dirigente;... defender a nação durante a conflagração européia não queria absolutamente dizer abandonar a nação vitoriosa ao arbítrio da burguesia..." A greve "nacional" e "produtiva" de Dalmine, em março de 1919, enaltecida posteriormente por Mussolini, procurou dar uma forma prática ao sindicalismo econômico pregado por Rossoni. Dois anos mais tarde, este último, confiante nos mesmos princípios, organizou o primeiro sindicato fascista.

CAPÍTULO IV

As Origens Literárias
e o Partido Político Futurista

Os progressos do capitalismo italiano, no final da crise dos anos 1890, suscitaram nos intelectuais e nos escritores uma reação neo-romântica que deveria contribuir amplamente para preparar os espíritos para o fascismo e estabelecer algumas categorias adequadas à constituição de uma nova mentalidade. Nascidos na Romanha como Pascoli ou Oriani ou mais simplesmente no *Mezzogiorno* como Croce ou D'Annunzio, esses intelectuais traduziram, a sua maneira, as preocupações de grupos sociais e de zonas geográficas cada vez mais marginalizados, por esse impulso brutal do capitalismo da nação e de seus centros de decisão. O fato de que os principais representantes da *intelligentsia* e mesmo do pessoal político italianos — quer se pense em Crispi ou em Nitti — tenham assim continuado a ser recrutados, bastante paradoxalmente, nas zonas ou nos meios já marginais, testemunhava bastante claramente a fragilidade e a instabilidade das novas estruturas italianas.

A reação antipositivista

Na época em que os nacionalistas começavam a reagrupar-se, Croce fundava *La critica* (1903) que se propunha ligar "de certa forma" a filosofia italiana a Hegel, procedendo a uma "reforma da dialética". Depois de um "fogo passional" pelo marxismo, Croce iria então engajar-se no que Gramsci definiu como uma tentativa de laicização da cultura italiana, colocada sob o signo do "renascimento do idealismo". Dois termos indicavam os limites desse empreendimento: a recusa de toda transcendência e uma polêmica incessante contra o positivismo, ao qual Croce censurava "deixar insatisfeita a necessidade religiosa do homem". Tratava-se pois, em última instância, de restaurar o Espírito em seus poderes. Empreendimento, em suma, bastante próximo do que Bergson tentava na mesma época na França com seu "suplemento de alma".

A "reforma da dialética" — e, nesse ponto, o "Atualismo" de Gentile não diferia absolutamente do historicismo crociano — situava-se aquém do hegelianismo e constituía inteiramente uma "contra-reforma da dialética". Se visasse indiretamente ao marxismo, a rejeição do "positivismo" levaria Croce a tratar como uma seqüência de núcleos irredutíveis ou irracionais alguns "momentos" que, em Hegel, pertenciam à esfera do Espírito: a natureza e, evidentemente, as ciências, a poesia, a política. Isso não era certamente uma destruição pura e simples da razão como a que Lukács deveria denunciar em seguida, mas a incapacidade de reencontrar a identidade do real e do racional que se encontrava na base da dialética hegeliana e, principalmente, a recusa em tratar a política, como o fizera Maquiavel em *O Príncipe,* como uma ciência leiga e amoral, "atéia", deveria inegavelmente participar tanto da crise de que se originaria o fascismo como — através do Atualismo gentiliano — da doutrina que este último procuraria atribuir-se, ao alcançar o poder.

Uma revista, além de *La Critica,* contribuiu manifestamente para popularizar a reação antipositivista: *La Voce* de Prezzolini e Papini, criada — como vimos — no prolongamento de *Il Regno* de Corradini. Dedicando-se, da mesma maneira que Croce, a "desprovincializar" a cultura italiana, fazendo com que se conhecesse, por exemplo, esse Péguy que Mussolini deveria colocar nas origens do "grande rio do fascismo", *La Voce* ocupou, evidentemente, uma posição estratégica extremamente importante numa sociedade, como a italiana, em que classe política e classe intelectual constituíam ainda grupos relativamente restritos e muito freqüentemente confundidos. O importante, com efeito, não era tanto que o idealismo antipositivista pudesse, em seu confusionismo e generalidade, reconciliar socialistas como Salvemini e nacionalistas como Papini, quanto as insuficiências que caracterizavam a organização da cultura e o recrutamento das classes dirigentes. Em suma, não foi por acaso que as questões de pedagogia, de reforma universitária e de organização intelectual tiveram e deviam continuar a ter tanta importância em Croce, Gentile e, mais tarde, Gramsci.

Alfredo Oriani

Alfredo Oriani foi precisamente um dos que Croce, *La Voce* e os nacionalistas "descobriram" e revelaram à Itália durante esse período. Romancista medíocre, morto na solidão, em 1907, alguns de seus ensaios — e sobretudo *La lotta politica in Italia* (1892) e *Rivolta ideale* (1907) — deveriam fazê-lo surgir como um precursor do nacionalismo, do imperialismo e, depois, do fascismo. Se, por um lado, entre seus discípulos encontravam-se dois futuros teóricos do nacionalismo, Federzoni e Bellonci, por outro, a edição nacional de suas obras foi organizada e prefaciada pelo próprio Mussolini, durante o período fascista.

Um dos temas centrais de sua obra consistia na crítica do *Risorgimento* que Oriani considerava, não completamente sem razão, como uma revolução inacabada: "A Revolução italiana, longe de ser uma obra popular, triunfou graças à usurpação heróica de uma minoria favorecida por acontecimentos e circunstâncias estrangeiros". Crítica que o fascismo, em suas fracas tentativas teóricas, logo retomaria a seu modo; assim, Gentile: "Sem dúvida alguma o *Risorgimento* foi obra de uma minoria". Crítica que deveria também estender-se a vários intelectuais liberais ou marxistas, do *Risorgimento senza eroi,* de Gobetti, ao *Risorgimento,* de Gramsci [1].

Romanhês como Mussolini — e Crémieux com justa razão observava que esse termo acabara por designar um certo tipo de pensador político — Oriani comprazia-se em opor à Itália artificial, "burguesa", resultante desse *Risorgimento* inacabado, uma Itália que se renova, num vasto renascimento popular, — o povo significando aqui uma categoria ética e ideal, essencialmente a-histórica, sem conteúdo efetivo. Era esse o povo de onde procederia a "democracia fascista" e a quem Mussolini concitava, até o final do *ventennio,* a vir aclamá-lo e dar-lhe razão sob seu balcão do Palazzo Venezia.

Mas, sobretudo, populismo e idealismo confluíam em Oriani e realizavam-se na idéia do Império, conclusão de um *Risorgimento* que não soubera alcançar seus fins. Para produzir "grandes coisas", os italianos deveriam realizar sua verdadeira unidade. Esse sentimento do Império passava assim, logicamente, por uma teoria da violência libertadora, em que Sorel não hesitou em reconhecer-se: "O futuro pertencerá àqueles que não o temeram: a fortuna e a história são mulheres e amam apenas os fortes capazes de violentá-las". Era já o *leitmotiv* mussoliniano: "O futuro pertence aos fortes"...

Os poetas: Pascoli, D'Annunzio

Romanhês igualmente, Pascoli fora, em sua juventude, socialista e internacionalista. A idade madura, as honras, a consagração oficial conduziram-no a erigir-se em poeta nacional e a cantar a epopéia italiana: ao poeta elegíaco dos *Myricae* (1891) sucedeu o cantor oficial dos *Poemi Italici* (1903) e dos *Poemi del Risorgimento* (1913). Inteiramente preocupada em reencontrar uma infância adormecida — e poder-se-ia evocar aqui o Renan dos *Souvenirs d'enfance et de jeunesse* — sua obra traduzia bastante fielmente as inquietudes e as nostalgias de um mundo em agonia,

---

1. Ver "Crítica ou defesa do *Risorgimento",* p. 106 e ss.

de uma jovem Itália exposta aos assaltos do capitalismo e que se sentia já envelhecida.

O socialismo humanitário dos anos de juventude iria assim desembocar — muito naturalmente, observa A. Asor Rosa — no nacionalismo e mesmo num "imperialismo dos pobres", a exaltação do Mediterrâneo como um *Mare nostrum*. A guerra da Líbia levou esses temas ao paroxismo. Em seu discurso de Barga de 27 de novembro de 1911, "A Grande Proletária pôs-se em movimento...", Pascoli uniu-se aos nacionalistas de Corradini e aos teóricos do "socialismo nacional", todos trabalhando, como deveria constatá-lo Mussolini, para "criar a alma italiana".

Mas o principal artesão dessa alma italiana foi inegavelmente D'Annunzio. Um itinerário que se comparou freqüentemente ao de Barrès, um egotismo à Stendhal, mas o stendhalismo nele exprimia-se, muito mais, no culto da energia, um gosto obsessivo pelo gesto, deveriam levar o poeta dos *Laudi* a cantar a gesta colonial e o imperialismo italianos. Itinerário, contudo, previsível: desde o fim do século, um *nietzcheísmo* fácil, bastante vulgar, começara a dar forma a esse culto da energia. O primeiro livro dos *Laudi, Maia* (1903), ostentou em exergo a divisa das cidades hanseáticas, que deveria fornecer mais tarde seu título a um artigo famoso de Mussolini:

> Navigare necesse est,
> Vivere non est necesse.

Daí à exaltação do Império, foi um passo.

Apadrinhando a revista florentina *Il Marzocco* (1896), berço de um nacionalismo ainda esteticizante, D'Annunzio convidava, em 1900, o jovem Vítor-Emanuel III a abrir às "virtudes" italianas "as portas dos domínios futuros". Convite que retomava alguns anos depois em seu drama *La Nave* (1908), onde instava a Itália a vogar "pelo mundo". A guerra da Líbia o inflamou, foi a grande ocasião, a primeira:" O Paraíso está à sombra das espadas", afirmava sua "Canzone d'Oltremare" (1911). Dever-se-ia reencontrá-lo em 1915, e, última ocasião, no fim da guerra, em Fiume.

Inumeráveis aventuras galantes, grandes amores, belos gestos como o vôo sobre Viena em plena guerra, mesmo seu ferimento fizeram desse zarolho glorioso não tanto o *miles gloriosus* que a Europa nele viu algumas vezes, como uma espécie de encarnação enaltecida de todos os sonhos, declarados ou não, da pequena burguesia italiana, essa pequena burguesia que iria organizar-se nos *Fasci*. D'Annunzio, o personagem, resumia bastante bem e também prefigurava, tudo o que o Fascismo prometeria aos italianos. E o culto de D'Annunzio foi o prenúncio, inegavelmente, daquele de que Mussolini procuraria cercar-se.

Os futuristas

"Bastante embaraçado", confessava-o, "para citar obras típicas" do futurismo, Benjamin Crémieux observava em 1928 que o futurismo "preparara os caminhos para a alma fascista". Até a "marcha sobre Roma", observava igualmente, o futurismo representou "a literatura oficial" do fascismo ainda revolucionário. O que parece menos exato a quem conhece o gosto, e até a paixão, de Mussolini e dos fascistas pela retórica e a declamação. Mas o fascismo, em resumo, retomara muito do futurismo: não tanto do estilo ou da *Antiacademia* quanto das idéias políticas, não tanto da psicologia ou de uma visão do mundo quanto dos temas destinados a fundir-se e, algumas vezes, a perder-se no sincretismo fascista.

O futurismo literário, é verdade, preparara o caminho, — atestara ao menos uma certa decomposição das estruturas sociais, políticas e cívicas. Os futuristas, escrevia Gramsci em 1921, "destruíram, destruíram, destruíram... Os futuristas, em seu domínio, o da cultura, são revolucionários". Esta apreciação inesperada apoiava-se na autoridade de Lunatcharsky que, no Segundo Congresso da Internacional Comunista, declarara que existia na Itália "um intelectual revolucionário... Filippo Tommaso Marinetti". Estava-se evidentemente muito mal informado na Rússia sobre o que se fazia na Itália, podendo-se legitimamente aí confundir Marinetti e Maiakóvski, e a famosa carta de Gramsci a Trotsky sobre o futurismo não deveria esclarecer as coisas...

Marinetti

Nascido em Alexandria em 1876, Filippo Tommaso Marinetti, começou a distinguir-se face à atenção geral publicando com seus amigos uma série de manifestos que lhe valeram a alcunha de "a cafeína da Europa": Manifesto futurista, no *Figaro* de 20 de fevereiro de 1909, com Papini, Palazzeschi, Govoni, Folgore e outros; Manifesto contra o luar, em abril de 1909; contra Veneza, em abril de 1910; Manifesto da literatura futurista, em maio de 1912. Outros manifestos, obras de amigos ou discípulos, prolongavam essa agitação: Manifesto da pintura futurista, de Boccioni, Carra, Russolo, Balla e Severini, em abril de 1910: Manifesto da mulher futurista, de Valentine de Saint-Point, em março de 1912, e em abril de 1912, Manifesto da escultura futurista, de Boccioni. Por essa época, contudo, o criador das "palavras em liberdade" começou a preocupar-se em intervir também na vida política.

"Higiene do mundo"

Pouco ou muito, essa abertura para a política coincidia com os inícios do sindicalismo revolucionário e a constituição da Associação Nacionalista Italiana. A partir de 1909, os futuristas realizaram algumas tentativas para se aproximar dos sindicalistas revolucionários contra os que Marinetti chamava — em um artigo de 1910 — "nossos inimigos comuns". Mais foi, também neste caso, a guerra da Líbia que desempenhou um papel decisivo. Enviado especial na Tripolitânia, Marinetti comemorou a aventura publicando *Mafarka,* romance de inspiração "africana", e descobriu então o que deveria constituir um dos *leitmotivs* da política futurista: a guerra, "única higiene do mundo", como intitulou ulteriormente um de seus livros (*Guerra sola igiene del mondo,* Milão, 1915). Em outubro de 1913, os futuristas publicaram seu primeiro programa político.

Anti-socialista e anticlerical — Marinetti não exigiu em seguida a "desvaticanização" da Itália? — o programa futurista pretendia-se conquistador, imperialista e guerreiro, e, evidentemente, "exclusivamente italiano".

Preconizava-se aí uma política exterior "agressiva, astuciosa, cínica" e reclamava-se, como os nacionalistas, a restauração da Roma imperial. Era, contudo, apenas uma repetição, um golpe que não levava a nada...

No mesmo ano, 1913, começava a aparecer em Nápoles *La Vela latina,* a que veio juntar-se, em 1916, *L'Italia futurista,* de Florença. Mas, até a guerra, os futuristas não conseguiram ganhar fama.

Seria influência da educação francesa de Marinetti, que fizera seus estudos em Paris, e publicara a maior parte de sua obra poética em francês? Diferentemente da Associação Nacionalista, os futuristas tornaram-se de chofre inimigos da Áustria, colocando-se, por isso, de uma certa forma, entre os intervencionistas de esquerda. Em meados de setembro de 1914, Marinetti e Boccioni organizaram em Milão as primeiras manifestações contra a Áustria. Os futuristas, na sua maioria adeptos voluntários, — sobretudo Marinetti e alguns como Mario Carli, o futuro diretor do *Imperio* em os *"Arditi"* (secções de ataque especializadas em ataques-surpresa) — deveriam estabelecer, no após-guerra, os primeiros contactos entre Mussolini e os *"Arditi"* que este último empregaria contra os "subversivos". Mas não foi isso, evidentemente, o mais importante.

O Partido Político Futurista

A partir de 20 de setembro de 1918 começou a ser publicado, inicialmente de dez em dez dias, em seguida, toda a semana, *Roma futurista,* dirigido por Marinetti, Mario Carli e Emilio Settimelli. O jornal, que trazia como subtítulo: "Jornal do Partido Futurista", continha o Manifesto-programa do Partido político futurista "invocado por todos os italianos" (Ver Documento I) e adiava para o fim da guerra a organização definitiva do Partido. Esse programa, que retomava vários temas do intervencionismo de esquerda, tais como a "socialização das terras" ou a extensão do sufrágio universal às mulheres, distinguia-se dele por seu anticlericalismo resoluto ("Única religião, a Itália de amanhã") e por alguns temas em que o fascismo deveria inspirar-se: o projeto de reunir no Parlamento, industriais, agricultores, engenheiros e comerciantes, ou ainda de suprimir esse mesmo Parlamento para substituí-lo por "um Governo composto de vinte técnicos", anunciava alguns aspectos do Estado corporativo; o apelo à juventude — outro aspecto a observar — que preparava, por sua vez, o hino fascista, *Giovinezza*.

Em dezembro de 1918 surgiam os primeiros *fasci* futuristas. Inicialmente, poucas adesões, mas alguns nomes: Giuseppe Bottai, Massimo Bontempelli... Por intermédio de Mario Carlo e Ferruccio Vecchi, o movimento apoiava-se essencialmente nos *arditi*. Em novembro, estes constituíram uma Associação dos *arditi* de Itália, sob a presidência de Carli. Após a dissolução do exército, em janeiro de 1919, esses liames tenderam mesmo a se reforçar e, em maio de 1919, Vecchi e Carli empreenderam a publicação de um jornal, *L'Ardito*. Os Futuristas haviam aderido desde dezembro de 1918 ao projeto — apresentado por Mussolini — de convocação de uma Constituinte do intervencionismo. Mussolini e Marinetti encontraram-se pouco depois, em 11 de janeiro de 1919, entre os que, no Scala de Milão, impediram, à força de tumulto, que o velho Leonida Bissolati expusesse o programa exterior do intervencionismo de esquerda, contrário a algumas anexações que considerava, com toda razão, como imperialistas. Mussolini, evidentemente, tinha ainda muito a lucrar em tais ocasiões, numa época em que, a despeito de todos os seus esforços e do tumulto presidido pelo *Papolo d'Itália,* conseguia apenas representar-se a si mesmo.

Futurismo e fascismo

E efetivamente, Marinetti, que deveria publicar pouco depois *Al di là del comunismo* (Para lá do Comunismo, Milão, 1920), foi a única personalidade de alguma importância a participar da reunião da praça San Sepolcro de 23 de março de 1919. A elaboração do Programa dos *fasci* devia muito, entre outros, aos futuristas. Marinetti foi então eleito membro do Comitê central e, em seguida, da comissão de propaganda e de imprensa. Alguns dias depois, a 15 de abril, por instigação de Mussolini e Marinetti, os *arditi* de Ferruccio Vecchi tomavam de assalto e saqueavam as instalações do *Avanti!* em Milão: Sã reação contra a "chantagem leninista", "primeiro episódio de guerra civil", comentou Mussolini reivindicando para os fascistas "toda a responsabilidade moral do assunto"... Mas foram também desta vez os futuristas que forneceram o grosso das tropas.

Não que Marinetti ou os futuristas fossem plenamente devotados ao fascismo e à totalidade do antibolchevismo de Mussolini. Certamente, a partir do mês de agosto de 1919, o grupo futurista de Milão a que Marinetti estava estreitamente ligado, pois que era membro do *fascio* dessa cidade, começou a manter a publicação do jornal de Armando Mazza, *I Nemici d'Itália,* "hebdomadário antibolchevista" (Ver Documento 5). Mas quase na mesma época teve início em *Roma futurista* uma longa discussão sobre a possibilidade de estabelecer relações entre o futurismo e o fascismo, — discussão finalizada de maneira bastante autoritária por Giuseppe Bottai, futuro ministro fascista, que tomara a direção do jornal em setembro.

Quando Mussolini fez com que o segundo congresso dos *fasci* em Milão, 24-25 de maio de 1920, adotasse os primeiros elementos de um programa agnóstico em relação às instituições, — portanto, virtualmente monarquista e, o que é mais importante, preocupado em não atentar à "soberania espiritual" do Vaticano — Marinetti, que se horrorizava "tanto" com o "passadismo", apressou-se em demitir-se do movimento. Foi essa talvez a origem das apreciações de Lunatcharsky em Moscou. Não era contudo a ruptura definitiva entre o fascismo e os futuristas. Igualmente demissionário — do *fascio* de Roma —, Mario Carli publicava pouco depois, com Emilio Settimelli, o hebdomadário ultramonarquista *Il Principe* ("A monarquia absoluta é o regime mais perfeito", declarava o jornal), a que viriam suceder o *Impero,* e depois o *Impero Fascista.* Quanto a Marinetti, depois de constar como signatário do Manifesto dos intelectuais fascistas de 21 de abril de 1925, passou a fazer parte — triste fim para um futurista — da Academia de Itália.

CAPÍTULO V

Guerra e Pós-Guerra

Da Tríplice ao Pacto de Londres

Em 1914 a Itália já estava ligada à Alemanha e à Áustria-Hungria, desde 1882, por um pacto de aliança a que Giolitti, enquanto melhoravam as relações com a França, tentara dar um caráter estritamente defensivo. Se dermos crédito ao *Livre jaune,* publicado no final da Primeira Guerra Mundial pelo governo francês, desde o início do século a Itália comprometera-se, no término de conversações entre Barrère e Delcassé, de um lado e Visconti-Venosta e Prinetti de outro, a permanecer neutra no caso de agressão contra a França. A viagem de Loubet a Roma, em 1904, consagrara essa aliança.

Como a origem do conflito não constituísse o *casus foederis* previsto pela Tríplice, em 3 de agosto de 1914, o governo italiano proclamou sua neutralidade. Sem dúvida, para os meios conservadores — Salandra, Albertini — a guerra representava um dreno para as dificuldades internas: a agitação social presidida pelos socialistas, o déficit orçamentário conseqüente à guerra da Líbia... Mas uma corrente mais moderada, ou mais hábil, representada por Giolitti, considerava muito mais político capitalizar essa neutralidade. Por outro lado, conferências com a Áustria procuravam fixar o preço — as "compensações" — da intervenção eventual da Itália junto aos Impérios Centrais.

A batalha do Marne foi o elemento decisivo, fazendo com que se acreditasse que a guerra seria breve e que terminaria com a vitória da *Entente*. Com exceção dos nacionalistas, os meios intervencionistas estavam, aliás, convertidos às "democracias" e aspiravam plenamente à reviravolta das alianças. Na primavera de 1915 travaram-se novas conversações com a França, a Grã-Bretanha e a Rússia, que concluíram em 26 de abril pela assinatura do Pacto de Londres no qual a Itália se comprometia, mediante "justas compensações", a declarar guerra à Áustria no prazo de um mês. Preparando-se para a aventura, só restava ao governo italiano deixar o caminho livre para as manifestações intervencionistas.

A agitação intervencionista

O intervencionismo, da mesma maneira que a agitação fascista, alguns anos mais tarde, foi obra de uma minoria favorecida pela atitude do governo. De intervencionistas, propriamente ditos, houve apenas, em favor dos Impérios Centrais, o Estado-Maior e os nacionalistas da A.N.I.; e, em favor da *Entente,* o intervencionismo de esquerda, irredentista, amigo da democracia francesa ou inglesa, inimigo de Guilherme II e das tradições bismarckianas, obstinadamente hostil à Áustria-Hungria, sonhando libertar Trento e Trieste e algumas vezes até a Boêmia... Aí encontravam-se republicanos, como Pietro Nenni; antigos socialistas, como Bissolati, Salvemini e, logo após, Mussolini; anarquistas arrependidos, como Marie Rygier ou Massimo Rocca; sindicalistas revolucionários: Alceste De Ambris, Rossoni, Corridoni e, evidentemente, os Futuristas com sua estética de tanques de combate. Para não falar em D'Annunzio que, desdenhando seus credores, retorna à Itália para dirigir campanhas e publicar sonetos em favor da intervenção...

Entre os adversários da guerra, encontravam-se evidentemente os socialistas, a grande maioria do proletariado, e também os camponeses, os meios católicos, sobretudo o Vaticano, hostil — como se sabia — a uma guerra contra a católica Áustria-Hungria, e alguns meios burgueses, muito bem personificados em Giolitti ou Croce, mais por prudência e conservadorismo que por amor à paz, mas cujo peso sobre a opinião pública era considerável; assim, em 9 de maio de 1915, houve ainda 300 deputados que ofereceram seu "cartão de visita" a Giolitti, considerado como o partidário mais oficial da neutralidade.

Mas, em 15 e 16 de setembro de 1914, Marinetti e os Futuristas organizavam em Milão as primeiras manifestações em favor da intervenção junto à França. Em 5 de outubro, um grupo de sindicalistas revolucionários e de anarquistas aliados à "guerra revolucionária" constituíam um *Fascio d'azione internazionalista,* que lançava um primeiro apelo aos trabalhadores italianos, em prol da "revolução européia", "contra a barbárie, o autoritarismo, o militarismo, o feudalismo alemão e a perfídia católica da Áustria". A partir de 15 de novembro, o intervencionismo de esquerda dispôs, além disso, de um órgão de escala nacional: o *Popolo d'Itália.*

A crise mussoliniana

A adesão de Mussolini ao intervencionismo foi sem dúvida alguma a mais bela vitória dos partidários da guerra. Era, com efeito, o protótipo do "subversivo", do revolucionário que fazia tremer a burguesia italiana. Depois de ter conhecido a boêmia, o exílio, a fome, dizia ele, esse pequeno preceptor da Romanha, filho de um ferreiro socialista (que ascensão!), o jovem Benito Mussolini, então começara a tornar-se conhecido nos meios socialistas por sua intransigência e seu "idealismo revolucionário". Atacando a guerra da Líbia, chegara em 1912 à chefia da corrente revolucionária do Partido, do qual mandara excluir, no Congresso de Reggio Emilia, os dirigentes reformistas Bissolati, Cabrini e Bonomi. Diretor do *Avanti!*, a partir de 1º de dezembro de 1912, suscitara ou encorajara algumas greves gerais e, em junho de 1914, sustentara calorosamente a "semana vermelha" de Ancona, animada pelo anarquista Malatesta e pelo republicano Pietro Nenni. O próprio Gramsci é testemunha de que Mussolini foi, na época, objeto de um verdadeiro culto junto aos jovens socialistas.

O período da neutralidade viu-o primeiro praticar a política da intransigência. No mês de setembro, contudo, começou a vacilar, evitando, por exemplo, ir à conferência socialista de Lugano; ou aproximando-se do diretor do *Resto del Carlino,* Filippo Naldi, que deveria conseguir-lhe os primeiros fundos para lançar o *Popolo d'Italia.* A intervenção de alguns socialistas franceses, como Cachin, portador — dizia-se — do "ouro francês", representou, evidentemente, um papel decisivo nessa conversão [1].

Aplaudido pelos meios intervencionistas de esquerda, Mussolini a 18 de outubro publicava no *Avanti!* um longo artigo intitulado "Da neutralidade absoluta à neutralidade ativa e eficaz", que era um apelo à intervenção junto à *Entente.* Demitido de suas funções de diretor do *Avanti!* pela direção do Partido em 20 de outubro, Mussolini começou a publicar, em 15 de novembro, o *Popolo d'Italia.* Em 24 de novembro foi excluído do Partido Socialista, levando consigo alguns de seus camaradas.

Os "Fasci d'azione rivoluzionaria"

Em 1º de janeiro de 1915 Mussolini publicou no *Popolo d'Italia* o primeiro Manifesto dos "fasci d'azione rivoluzionaria", que, retomando o Apelo de 5 de outubro, identificava a causa da *Entente* à da liberdade e via na luta de classes uma "fórmula vã" enquanto não fosse resolvida a questão nacional. Em 24 e 25 de janeiro reuniu-se em Milão o primeiro congres-

[1]. Ver "Mussolini recebeu ajuda financeira dos socialistas franceses?", p. 112.

so desses *Fasci* — "livres associações de subversivos" — onde Mussolini, contrabalanceado por De Ambris, evocou os "primeiros congressos da Internacional" convidando à "revolução contra a monarquia inerte". Um mês depois, o movimento contava cerca de 9 000 adeptos em todo o país.

Tratava-se, para Mussolini e seus amigos, de conduzir a Itália para uma guerra contra a Áustria. Fez-se o projeto de suscitar um *casus belli* realizando-se, com o apoio dos irmãos Garibaldi, um ataque de surpresa contra um quartel austríaco. Mussolini procurou mesmo, por intermédio de um agente tzarista, obter os fundos necessários para a operação... [2] Entrementes, Mussolini esforçava-se por convencer os outros grupos "revolucionários" a conceder uma trégua à monarquia se esta entrasse na guerra. Reencontramo-lo, com Corridoni, De Ambris e Battisti, à frente das manifestações do "Maio radioso", em Milão. A 24 de maio a Itália declarou guerra à Áustria.

A guerra: Caporetto

Mal preparado, mal dirigida, impopular, a guerra foi, evidentemente, a aventura que Giolitti receava: 66 000 mortos, 190 000 feridos, 22 000 prisioneiros nos seis primeiros meses... Em maio de 1916 a derrota de Asiago — 150 000 homens fora de combate — demonstrou a fraqueza do preparo militar italiano e, indiretamente, a fragilidade das estruturas econômicas do país. A partir de 9 de junho um "ministério nacional", sob a presidência de Boselli, reuniu representantes de todas as tendências, com exceção dos socialistas. Em 9 de agosto Cardona tomou Gorizia. Alguns dias depois, encorajado pela entrada da Romênia na guerra, a Itália declarou guerra à Alemanha.

Como em toda a parte na Europa, 1917 foi um ano de crise: dificuldades financeiras, restrições e principalmente esgotamento e cansaço. De maio a setembro, as ofensivas contra Isonzo, dirigidas por Cardona, causaram mais de 100 000 mortos e de 150 000

---

2. Ver "Situação do Problema", p. 115, n. 4.

feridos. O estabelecimento de um protetorado na Albânia — em 3 de junho — evidentemente não bastava para compensar essas perdas. O descontentamento continuou a crescer terminando, em Turim, pela sublevação de agosto. A 25 de outubro, enfim, foi a vez de Caporetto: 400 000 homens fora de combate; 3 000 canhões perdidos; uma retirada de perto de 100 quilômetros com os austríacos às portas de Veneza.

O movimento operário e a guerra

Exceto algumas defecções, como vimos, os anarquistas pronunciaram-se resolutamente contra a guerra. A atitude dos socialistas foi marcada pelo duplo cuidado de não aderir à guerra e de não sabotá-la. A palavra de ordem oficial do Partido — "nem aderir, nem sabotar" — traduziu muito bem a oscilação do centro — Serrati, Lazzari — entre reformistas que se percebia estarem na iminência de cair no terreno do patriotismo — e foi o caso de Turati, depois de Caporetto — e uma esquerda, Bordiga em particular, que tinha em vista opor-se à guerra pela revolução.

Criadores em colaboração com os socialistas suíços, da Conferência de Lugano (27 de setembro de 1914), os socialistas italianos participaram das conferências internacionais de Zimmerwald (5-8 de setembro de 1915) e de Kienthal (24-30 de abril de 1916), onde, ainda que signatários de todos os textos, situaram-se demasiado à direita com relação a Lênin. Mas, difundindo amplamente os *Manifestos* e *Resoluções* das duas conferências, Serrati contribuiu inegavelmente para o reforço das correntes neutralistas e para a constituição de uma "esquerda comunista" na Itália. Esta deveria encontrar-se em Florença em 18 de novembro de 1917, alguns dias após a Revolução de Outubro.

A revolução russa de fevereiro, em que o próprio Mussolini viu o prelúdio da revolução alemã, como também a mensagem pontifical de 1º de agosto de 1917, contribuiram para intensificar as tendências pacifistas e, sobretudo, para estendê-las a novas camadas da sociedade. Em agosto, após a passagem de dois enviados de Kerensky — os mencheviques Goldemberg e Smirnov, que se apresentaram abusivamente ante a multidão como mensageiros da paz —, o proletariado de Turim, exasperado pelas restrições, pela falta de pão e pela duração da guerra, revoltou-se: insurreição espontânea, cuja responsabilidade foi atribuída a Serrati e aos socialistas.

Caporetto inverteu bastante curiosamente as tendências que se patentearam durante todo o ano. Alguns grupos, — os católicos em particular — uniram-se na defesa da pátria ameaçada. Dentro do Partido Socialista, a ala reformista — Turati, Treves, Rigola — e mesmo, mais timidamente, alguns elementos centristas, passaram também à "defesa territorial". Ao mesmo tempo que condenava esses extravasamentos patrióticos, o centro protestava contra as acusações de sabotagens dirigidas aos socialistas depois de Caporetto. A esquerda, ao contrário, propunha — em Florença — preparar-se para a insurreição. As três grandes correntes estavam já na situação em que se encontrariam após a guerra.

Efeitos econômicos da guerra

A guerra acentuou os processos de concentração industrial e contribuiu para modificar a composição do capital italiano, o capital constante tendente a aumentar sempre mais em relação ao capital variável. De 1915 a 1917, a taxa média de lucro na indústria passou de 4,26% a 7,75%; para os principais ramos:

	1915	1917
siderurgia	6,3%	16,55%
automobilística	8,2%	30,51%
química	8,02%	15,39%
borracha	8,57%	14,95%

De 200 000 toneladas por ano, a produção de ferro e aço elevou-se, no decorrer do conflito, a 1 milhão de toneladas por ano. Os dois grandes agrupamentos, a Ilva e Ansaldo, declaravam, no final da guerra, um capital de 300 milhões e 146 milhões de obrigações (Ilva), 500 e 100 milhões (Ansaldo). Em 1918, todas as empresas controladas pela Ilva fundiam-se legalmente. Mais modestas, as empresas como a Fiat decuplicaram o capital, enquanto que o da Breda ou da Terni atingia 100 milhões.

Temos, como conseqüências dessa concentração industrial: aumento da instabilidade no setor agrário, já abalado pela mobilização, e a baixa da produção agrícola: de 50 milhões de quintais em 1914 (aos quais vinham juntar-se 14 milhões de quintais importados), a produção de trigo caiu a 38 milhões de quintais, durante a guerra. A eliminação de um grande número de médias e pequenas empresas, outra conseqüência da concentração, afetou ao mesmo tempo a pequena burguesia, contribuindo assim para sua proletarização, e alguns setores do proletariado condenados ao desemprego. A isso, acrescentaram-se os efeitos da inflação, a desvalorização da lira e a baixa do nível de vida. De 1914 a 1920, a lira perdeu, com efeito, 80% de seu valor. O câmbio passou de 5,18 liras por um dólar, em 1914, a 13,07 em 1919 (para chegar a atingir 28,57, em dezembro de 1920). Acreditara-se, de fato, na curta duração da guerra e ninguém se preocupara com seu financiamento — abandonado quase inteiramente aos recursos fiscais. O déficit do Estado elevou-se assim a 214 milhões, em 1914-1915, a 23 345 milhões em 1918-1919, sendo que a maior parte das despesas, devido ao sistema fiscal, coube à pequena burguesia.

O após-guerra — o "diciannovismo"

Resultado: concentração industrial, mas frágil e desproporcional às estruturas e às possibilidades do país. Foi assim que no duelo que oporia, no pós-guerra, os irmãos Perrone (Ansaldo) ao Banco Comercial italiano, este não hesitou em financiar um Consórcio proprietário das ações do Crédito Italiano, que financiou, por sua vez, um segundo Consórcio, proprietário das ações do Banco Comercial.

A derrocada da Ilva e de Ansaldo em 1922 testemunhou perfeitamente essa fragilidade. Concentração que, como já dissemos, ocorreu juntamente com o empobrecimento de algumas camadas da pequena burguesia: e a esse título o fascismo foi efetivamente a "revolução" das classes médias [3]; o crescimento do desemprego em uma parte do proletariado e, simultaneamente, a passagem de uma parte da mão-de-obra rural para a indústria: proletariado jovem, — daí talvez essa falsa idéia de que o "maximalismo" medraria no movimento operário; a queda da produção agrícola: e o Partido Popular, fundado por Don Sturzo em 1919, exprimiria ao mesmo tempo as aspirações de todo um setor da população camponesa e a participação, — reforçada pela guerra, sobretudo após Caporetto — dos católicos na vida nacional.

O último ano de guerra fora conduzido à custa de promessas e de ilusões: a terra para os camponeses, solução da questão meridional, ampliação da democracia, lugar para os antigos combatentes etc. Unido aos 14 pontos de Wilson, o intervencionismo de esquerda acreditara numa paz eqüitativa: "Seria um mau negócio para a Itália — escrevia ainda De Ambris em março de 1919 — confundir seu direito e sua segurança com o apetite imperialista do quilômetro quadrado de terra". Mas as vitórias da Piave (junho de 1918) e de Vittorio Veneto (3 de novembro), assim como o preço da guerra: 600 000 mortos, 500 000 mutilados, fizeram com que se esperassem "justas compensações". A Conferência de Paris, longe de cumprir as promessas do Pacto de Londres, rejeitou a maior parte das reivindicações italianas, em particular: Trieste. O mito da "vitória mutilada", de uma pregnância extrema, tentou justificar essa situação: a Itália manifestava-se mais uma vez como a "grande proletária", alvo para as conspirações do "imperialismo estrangeiro" e das "plutocracias".

Crise moral, pois: nos bairros proletários das grandes cidades, cuspia-se nos oficiais que ousavam exibir-se em seus uniformes e suas condecorações. Dos 160 000 oficiais que seriam desmobilizados, quantos

---

3. Ver "Situação do problema", p. 104.

conseguiriam reintegrar-se na vida civil? quantos forneceriam seus quadros às esquadras fascistas? Crise do capital, como no resto do mundo: era necessário recolocar a produção em andamento; transformar as indústrias ampliadas artificialmente, repentinamente privadas de mercados; resolver, impedir o aumento de desemprego [4] exacerbado pelas restrições aplicadas à emigração. Crise social: empobrecimento (relativo) das grandes massas trabalhadoras, enriquecimento fabuloso dos beneficiários da guerra. Crise política enfim: a velha classe dirigente não soubera evitar a guerra, nem prepará-la, estando completamente a ponto de perdê-la, aliás, como o testemunhou no mês de agosto de 1919, uma pesquisa sobre Caporetto.

O *diciannovismo* — o espírito de 1919 — foi a expressão desse clima de decepções e de esperanças confundidas, de "vazio" do poder e de sensação de que tudo era possível. Greves, agitação contra a carestia ou contra a intervenção na Rússia, Sovietes provisórios e efêmeras Repúblicas bolcheviques, pilhagens às vezes, — a "santa vingança popular", como a chamava ainda Mussolini, teve livre curso, parecendo mesmo a certa altura, em 4 de julho, encaminhar-se para a revolução. Mas novas forças já abriam caminho: desde 1920 a corrente começou a mudar de rumo...

---

4. Dezembro de 1920: 102 000 desempregados; julho de 1921: 388 000; dezembro de 1921: 512 000; janeiro de 1922: 606 000.

CAPÍTULO VI

A Fundação dos Fasci Italiani di Combattimento

Sem esperar pelo fim da guerra, alguns representantes do intervencionismo de esquerda começaram a reagrupar-se em torno de objetivos pretensamente revolucionários. Em março de 1918, Alceste De Ambris publicava o primeiro número de *Rinnovamento*. Alguns meses mais tarde, em 13-15 de maio de 1918, concorria para a criação da Unione Socialista Italiana, primeira organização do "socialismo nacional", que aceitava ao mesmo tempo o "conceito de luta de classes" e o "conceito de pátria-nação". Na mesma época, a Unione Italiana del Lavoro, sob os auspícios de Rossoni, recomeçava a funcionar lentamente, a formular, ao menos, objetivos. Mussolini não aderira a nenhuma dessas iniciativas, mas, com seu faro habitual, modificara o subtítulo do *Popolo d'Itália,* que assim se tornara, a partir de agosto de 1918, o "diário dos combatentes e dos produtores". Depois, após ter celebrado a vitória ("Corações ao alto!") começara a falar muito vagamente de seu "antipartido": "Nós constituiremos o antipartido dos realizadores... uma organização fascista, que não terá nada em comum com os credos, dogmas, mentalidade e sobretudo preconceitos dos velhos partidos". Em 3 de janeiro de 1919 convocava enfim à reunião de uma "constituinte de intervencionismo italiano", o que o colocava numa posição bastante moderada dentro do intervencionismo de esquerda.

O projeto chocou-se contra as zombarias da U.S.I. mas recebeu a adesão dos futuristas e de alguns republicanos. Pouco depois, o Congresso de Bolonha da C.G.L. adotava igualmente o projeto de uma Constituinte democrática conferindo-lhe uma conotação francamente reformista. "Chegamos pois — comentou Mussolini — ao partido do trabalho que é, quer eles confessem ou não, a aspiração tão ardente quanto secreta de todos os que compõem o estado-maior da C.G.L.? [...] A C.G.L. permanece... no terreno da democracia... Não se trata pois de ditadura de classe através de um partido político, mas de soberania popular sob a forma do governo republicano." Mas o *Popolo d'Italia* e seu diretor permaneciam isolados. Mantido principalmente pela publicidade da Ansaldo, o jornal ia vivendo. Mussolini constituíra para si uma espécie de pequena corte ou de exército entre os *arditi* desmobilizados, mas estes continuavam sobretudo sob a influência dos futuristas. De fato, era difícil situar-se entre os republicanos, os reformistas da C.G.L., os futuristas, os socialistas da U.S.I. e os sindicalistas de Rossoni.

Um socialismo nacional: Dalmine

Subsistia a esperança de realizar a "síntese da antítese: classe e nação". A 6 de janeiro de 1919 o *Popolo d'Italia* aprovava vigorosamente a greve dos postalistas. Em 11 de janeiro, à frente de um grupo de *arditi,* Mussolini e os futuristas intervinham na conferência de Bissolati no Scala de Milão e aos gritos de "Vendido", "Traidor", "Croata" e "Viva a Dalmácia italiana", impediam Bissolati, demissionário do governo de Orlando, de expor e justificar os motivos de sua demissão: sua oposição à anexação da Dalmácia e, mais amplamente, à política expansionista do governo. Mussolini dava assim mais um passo na direção dos nacionalistas.

Em 2 de março de 1919 o *Popolo d'Italia* convidou leitores, simpatizantes e amigos a se reunirem em Milão no dia 23 do mesmo mês para que aí se constituíssem *fasci di combattimento*. O programa, acrescentava Mussolini, "está contido no próprio termo". E precisava alguns dias depois: "Em 23 de março, não se fundará um partido mas dar-se-á impulso a um novo movimento... Em 23 de março, criar-se-á o antipartido." O programa? —- "Alguns pontos, mas precisos e radicais." Tratava-se de fato, separando-se "não somente do socialismo oficial, mas também de todos esses pequenos grupos e homens que procuram talvez em vão", continuar "a revolução" iniciada em maio de 1915 e prolongada até o final da guerra. Felizmente, a greve de Dalmine veio colocar um pouco de clareza nas idéias de Mussolini.

Em Dalmine, pequena cidade dos arredores de Bérgamo, os metalúrgicos da empresa Franchi-Gregorini — cerca de dois mil operários — não obtendo justiça por parte dos dirigentes da fábrica, acabaram por expulsar os proprietários, entrincheirando-se na própria fábrica. Sindicalizados em sua maioria à U.I.L. de Rossoni, colocaram no telhado da fábrica a bandeira nacional italiana e praticaram durante dois dias, no fim dos quais o exército viera desalojá-los, a "greve produtiva". O *Popolo d'Italia* seguiu o caso com muita atenção. Essa foi, de fato, para Mussolini a ocasião de formular pela primeira vez um dos principais temas do programa fascista, mas de um fascismo ainda populista: "A formação do Conselho dos operários que, durante três dias, permaneceu vigilante na direção do estabelecimento e assegurou seu funcionamento... representa a tentativa honesta, o esforço pleno de boa vontade, a ambição digna de suceder à classe dita burguesa na gestão do trabalho". O ocupação de Dalmine, precisou ele algum tempo depois, vem provar a "capacidade do proletariado em dirigir diretamente a fábrica". Depois, a 20 de março, quando, dois dias depois, tudo retornara à ordem, Mussolini dirigiu-se a Dalmine e, num discurso rápido, felicitou os operários: "Vocês se colocaram no terreno da classe, mas não esqueceram a nação... Vocês se subtraíram ao jogo das influências políticas".

A reunião de San Sepolcro

Os biógrafos mais dedicados a Mussolini estão de acordo em afirmar que, a reunião de 23 de março, que marcou o "ato de nascimento" dos *Fasci di combattimento,* foi uma das mais modestas e passou quase que despercebida: "cento e cinqüenta pessoas, segundo Margherita Sarfatti... os nomes conhecidos não chegavam a dez". Entre estes, Marinetti. E o capitão Mario Carli, futurista e *ardito* ao mesmo tempo. As circunstâncias, constataria Giorgio Pini, não favoreciam o proselitismo. Mussolini anunciara centenas de adesões. Dois dias antes da reunião, para dar peso a seu empreendimento, constituiu um primeiro *fascio,* o de Milão, onde se encontraram o sindicalista Michele Bianchi e Ferruccio Vecci, amigo de Marinetti e chefe dos *arditi* que vaiaram Bissolati em 11 de janeiro. Uma sala emprestada pelo Círculo dos Interesses Industriais e Comerciais, local onde se realizavam freqüentemente reuniões desse gênero, abrigou, na praça do San Sopolcro em Milão, durante todo o dia 23 de março de 1919, a assembléia constituinte dos *Fasci di Combattimento,* "reunião privada" conforme a convocação de 2 de março.

A assistência compunha-se, em sua maioria, de antigos membros dos *Fasci d'azione rivoluzionaria,* de intervencionistas de esquerda, anarco-sindicalistas e republicanos, como Farinacci, e de *arditi* desmobilizados: entre os, aproximadamente, cinqüenta nomes citados pelo *Popolo d'Italia* no dia seguinte, encontram-se dez oficiais, na maioria tenentes, e, além de Marinetti, dois futuristas, Mario Carli e Achille Funi. Se por um lado, a partir do dia seguinte, Mussolini começou a falar do "programa" do movimento que acabava de fundar, por outro, a assembléia, onde se fazia sentir a ausência de De Ambris, foi incapaz de escapar ao confusionismo que presidira sua convocação e foi necessário esperar o dia 6 de junho de 1919 para encontrar no *Popolo d'Italia* o manifesto do movimento (Ver Documento 3). A intervenção de Marinetti, bastante frágil, refletiu muito bem o clima de incerteza reinante entre os participantes: todos os "que não têm medo da palavra *revolução,* declarou ele em resumo, devem afastar a multidão de seus maus pastores e guiá-la rumo a novas formas de governo mais livres e mais modernas". De forma alguma amedrontado pela palavra "bolchevismo", terminava com um apelo a "ousar tudo". Salvo uma exceção, as outras intervenções contentaram-se em aprovar Mussolini.

Negando querer fundar "um partido dos combatentes", submeteu à aprovação da assembléia três declarações que procuravam definir as tarefas do intervencionismo de esquerda. Seu comentário sublinhou alguns "resultados positivos" da guerra: "A reação não triunfou em nenhuma nação vitoriosa. Todas caminham para uma democracia política e econômica maior" e insistiu na necessidade de não autorizar "as nações ricas" a "lograr" as "nações proletárias" na Sociedade das Nações. Quando se tratou — à tarde — de propor alguns pontos de referência, o diretor do *Popolo d'Italia* deixou-se levar por um impulso cuja demagogia chegava ao absurdo. "...Escrevi que seria necessário ir ao encontro do trabalho que partir das trincheiras, pois seria odioso e bolchevista recusar-se a reconhecer os direitos dos que fizeram a guerra. [...] Eles querem as oito horas?... as seis horas? as pensões de invalidez e de velhice? o controle das indústrias? Nós apoiaremos essas petições..." Ao que Michele Bianchi protestou: "É fácil ganhar a simpatia das massas com grandes promessas... Não somos uma assembléia de demagogos". O essencial foi contudo que Mussolini pronunciou-se a favor de uma república em que os interesses profissionais estivessem representados: "Poder-se-ia objetar a esse programa que, com ele, retorna-se às corporações. Pouco importa. Trata-se de constituir Conselhos de categoria que integrem a representação sinceramente política".

A sessão terminou com a designação de um Comitê central que compreendia, entre outros, além de Mussolini e Marinetti, Ferruccio Vecchi, Mario Giampaoli e Cesare Rossi (de quem se tornaria a falar, sobretudo, na época do assassinato de Matteotti). Uma série de comissões, designadas em 1º de abril, e um secretariado nacional, em 6 de maio, constituíram a organização do novo movimento. A partir de 15 de agosto começou a ser publicado em Milão o hebdomadário *Il fascio,* órgão oficial dos Fasci, cujos meios e recepção continuaram limitados. O movimento contentou-se com efeito em sobreviver até o verão de 1920. Os efetivos o testemunham: no final do ano, havia na Itália trinta e um *fasci* reagrupando oitocentos e setenta adeptos; o *fascio* de Gênova, por exemplo, contava apenas com vinte e nove. Em dezembro de 1920 encontravam-se, ao contrário, oitenta e oito fasci reunindo vinte mil adeptos.

O incêndio de "Avanti!"

A 15 de abril de 1919, em Milão, uma pequena tropa composta de *arditi,* de futuristas, de fascistas e de estudantes nacionalistas invadiu e incendiou a sede do *Avanti!* "Nós, Fasci, não preparamos esse ataque contra o jornal socialista, mas aceitamos toda a responsabilidade moral pelo incidente", declarou Mussolini, enquanto Ferruccio Vecci e Marinetti, insistindo no caráter espontâneo de sua ação, também reivindicavam essa responsabilidade. Tolerado pela polícia e por Bonomi, então Ministro das obras públicas, em visita à Milão, aprovado pelo General Caviglia, Ministro da Guerra, o incêndio do *Avanti!* foi o "primeiro ato da guerra civil". E, sobretudo, marcou um ponto de continuidade no itinerário dos fascistas e em suas relações com o movimento operário. A 1º de maio Mussolini lançou um apelo aos operários socialistas: "Proletários! acabem com a tirania dos políticos da carta constitucional!"

Rivalidades...

No primeiro congresso dos Fasci, em 9 e 10 de outubro, em Florença, ficou evidente que o movimento se impacientava. As adesões e os números eram intencional e desmedidamente aumentados — estavam longe de atingir o "milhar de fasci" prometido por

Mussolini. Não havia dinheiro. Alguns elementos, bastante curiosamente, não aceitavam o papel de "guarda branca" que lhe conferiam desde 15 de abril: "Os Arditi não são a sentinela de um Governo, mas da Nação!", manchete de uma página inteira do *Ardito* de 18 de maio de 1919. Mussolini continuava, acima de tudo, longe de ser o chefe incontestado de todo o movimento. Havia Marinetti... E D'Annunzio, cuja "marcha sobre Fiume" acabava de conduzir ao primeiro plano... "O último dos italianos, o herdeiro desse espírito latino que propalou o nome da pátria no mundo inteiro", como o chamava o *Ardito*, não era o chefe virtual da revolução nacional? Marinetti fora para Fiume. Foi a oportunidade, para os futuristas, de reivindicar a glória do caso: Fiume, "capital futurista da Itália, como D'Annunzio, Marinetti... são os chefes futuristas italianos"... Após o Congresso, houve um esforço no sentido de consolidar a trindade: "Três nomes, escreveu Settimelli, saem desse congresso definitivamente ligados: Marinetti, Mussolini, D'Annunzio", o que, evidentemente, era falso.

As eleições de 1919

Mussolini, todavia, estava preocupado sobretudo com as eleições anunciadas para o dia 15 de novembro. Uma viagem relâmpago a Fiume, a 7 de outubro, permitiu-lhe dissuadir D'Annunzio de tentar uma sublevação e, ainda, de se apresentar no congresso apoiado pelo "Comandante". Excetuando-se o discurso de Marinetti, dedicado em grande parte à questão da "desvaticanização" da Itália, o essencial do congresso foi portanto dedicado à preparação das candidaturas fascistas às eleições que se aproximavam. Mussolini insistiu então sobre a necessidade — sem qualquer preocupação doutrinária — de aproveitarem toda a oportunidade de afirmação para o partido: "Nós, fascistas, não temos doutrinas preestabelecidas, nossa doutrina é o fato... Devemos nos afirmar onde quer que formos". O congresso endossou e o programa sindical da Unione Italiana del Lavoro, exigiu a abolição da censura e manifestou sua solidariedade a D'Annunzio, — e os fascistas foram às eleições.

Em 15 de novembro, Mussolini apresentou-se então em Milão, encabeçando uma lista em que se encontravam também os nomes de Toscanini e de Marinetti. Para este último, Armando Mazza, poeta futurista que animava o hebdomadário antibolchevista *I Nemici d'Italia*, idealizou uma propaganda eleitoral sob a forma de caligramas. As despesas da campanha foram — parece-nos — cobertas, em grande parte, graças à subscrição aberta pelo *Papolo d'Italia* em favor de D'Annunzio e de Fiume. Foi um fracasso retumbante. Enquanto os socialistas contavam, só na cidade de Milão, com cento e setenta mil votos, a lista fascista, dirigida por Mussolini, obeteve apenas quatro mil, setecentos e noventa e cinco. O *Avanti!* publicou então uma nota pretensamente irônica: descobrira-se no esgoto da cidade o cadáver, em estado de putrefação, de um suicida, Benito Mussolini...

CAPÍTULO VII

1920, O Ano da Guinada
Revolução ou Reação

A ocupação de Fiume

A 16 de maio de 1919 um acordo ítalo-iugoslavo colocou Fiume sob a proteção da S.D.N. Descontentes com essa solução — era "Fiume ou a morte" — nacionalistas e fascistas reiniciaram as agitações. A 10 de maio, o *Fascio* de Roma condenara "o imperialismo bancário estrangeiro" e "a aliança da plutocracia" que se encarniçavam contra a "nação proletária". Começaram então a circular rumores. D'Annunzio, Mussolini, os nacionalistas de Federzoni e o general Giardino estariam em vias de preparar um golpe de Estado para, em seguida, poder declarar guerra à Iugoslávia.

No início de julho, violentos incidentes manifestaram-se em Fiume entre as tropas francesas, que se encontravam estacionadas na cidade, e os soldados e civis italianos. Falou-se de "Vésperas fiumianas"[1]. Após averiguação de uma comissão quadripartida, os Granadeiros de Sardenha tiveram de deixar a cidade.

---

1. Evocando as "Vésperas sicilianas" de 1282.

Foi então que uma série de artigos, "Como nos encaminhamos para Caporetto", publicados na *Stampa*, acabou por exasperar os militares e os meios nacionalistas. Falou-se novamente de um golpe de Estado, em favor, desta vez, de Emanuele Filiberto, duque de Aosta. A 12 de setembro, uma coluna de "legionários", comandada por D'Annunzio, apoderou-se de Fiume e proclamou sua anexação à Itália.

Era o mesmo que colocar os aliados e o governo diante do fato consumado. Em um discurso que provocou escândalo, Nitti denunciou diante do Parlamento a empresa do "literato vaidoso" e invocou o apoio das "massas anônimas"; clamou-se contra o bolchevismo. Para os socialistas, era mais um sintoma da "desagregação do regime burguês". Não menos surpreso que as autoridades e, em resumo, não muito mais entusiasta, Mussolini abriu em seu jornal uma subscrição em favor de Fiume, e empreendeu uma campanha que D'Annunzio julgaria bastante fraca. "O Comandante é um grande poeta que admiro de todo coração; quanto a mim sou um sólido camponês ligado à realidade da gleba", notava Mussolini politicamente consciente de suas possibilidades. Uma eventual reaproximação com os socialistas, uma cadeira no Parlamento: eram estes também, provavelmente os objetivos do diretor do *Papolo d'Italia*.

Em Fiume, não se desprezava a idéia de tentar uma "marcha sobre Roma". Tencionava-se mesmo apoiar-se em Malatesta, recém-chegado do exílio. Ele recusou, evidentemente. Houve também aberturas para alguns socialistas. E para a Rússia bolchevista. "Entre Fiume e Moscou, escrevia Mario Carli na primavera de 1920, há talvez um oceano de trevas. Mas indiscutivelmente Fiume e Moscou são duas margens luminosas. É necessário, o mais depressa possível, lançar uma ponte entre essas duas margens".

A primeira reação do governo italiano fora proclamar o bloqueio da cidade. Mas excessiva cumplicidade rodeava D'Annunzio. Soldados e "legionários" continuaram a afluir: em pouco tempo havia perto de vinte mil deles. Navios de guerra chegavam ao porto, colocavam-se ao serviço do "Comandante". Os homens do capitão Giulietti desviavam da rota os cargueiros, assegurando assim a intendência. Nitti foi então forçado a concordar com as negociações. D'Annunzio comprometeu-se a não empreender novas anexações. Este foi, por alguns meses, o *statu quo*. E se, como escreveria Aniante, D'Annunzio foi o "São João do fascismo", o foi menos, evidentemente, por ter pregado uma palavra mussoliniana qualquer, que por ter contribuído para a decomposição do Estado liberal e tê-lo constrangido portanto, pela primeira vez, a ceder.

O "Natal de sangue"

Proclamando-se "Regente de Quarnero", D'Annunzio publicou em 30 de agosto de 1920 os "Estatutos de Guarnero" com os quais Mussolini deveria entusiasmar-se. Reencontrava-se aí a maior parte dos temas do intervencionismo de esquerda. A contribuição de De Ambris, chefe de gabinete de D'Annunzio, fazia-se sentir, particularmente no espírito corporativista dessa Constituição. Os cidadãos estavam divididos em dez corporações, que deveriam eleger em seguida um "Conselho dos Provisores" destinado a flanquear o "Conselho dos Melhores", eleito, por sua vez, na base do princípio do sufrágio universal. Evidentemente, o fascismo deveria inspirar-se nisso...

Em 9 de setembro, enfim, D'Annunzio proclamou a independência da "Regência italiana de Quarnero", que ampliou pouco depois com algumas ilhas iugoslavas. Giolitti não poderia razoavelmente, como o sugeria um artigo irônico (e talvez provocador) do *Popolo d'Italia*, solicitar o *nihil obstat* de D'Annunzio para pôr em prática os acordos ítalo-iugoslavos de Rapallo. A 24 de dezembro de 1920, as tropas italianas iniciaram o ataque a Fiume, obrigando D'Annunzio a demitir-se. Esse "Natal de sangue" pôs fim ao "tumultuoso poema" — expressão de Sforza — que foi para D'Annunzio a aventura de Fiume. Para Mussolini, ele levantou uma hipoteca.

A crise socialista

Após as eleições vitoriosas de novembro de 1919 as ambigüidades do Partido Socialista continuaram a se acentuar. Uma inegável radicalização das massas proletárias, uma combatividade que se expressou numa série incessante de greves: Mussolini chegou mesmo a falar de "grevemania", — uma vontade, às vezes mistificada, de agir da mesma forma que se agia na Rússia seguiam-se paralelamente à incerteza dos dirigentes socialistas e à franqueza de outras organizações como a Federação Anarquista.

Entretanto, greves e ocupações de fábricas sucediam-se de maneira desordenada, sem coordenação: greve dos postalistas, depois a dos ferroviários, em janeiro; ocupações de fábrica em Sestri Ponente a 18 de fevereiro, em Viareggio a 19, em Ponte Canavese e Torre Pellice a 28, em Asti a 2 de março e em Nápoles a 24, em Sesto San Giovanni a 4 de junho e em Piombino a 10 de junho... Nos campos, a agitação pelo reajuste dos salários agrícolas não cessava. O vale do Pó fora atingido pela "grevemania". As Ligas "brancas", católicas, com perto de um milhão de adeptos, prevaleciam sobre os socialistas, que contavam com setecentos e cinqüenta mil elementos.

Portanto, crise das classes dominantes, e do capitalismo, mas principalmente crise da direção revolucionária. "Ao lado da crise burguesa, há a crise do socialismo, constatava Mussolini. Dir-se-ia que elas se condicionam reciprocamente..."

Dentro do P.S., alguns se esforçavam, contudo, no sentido de superar o centrismo da direção. Com Bordiga, o grupo do *Soviet* dedicava-se à construção de uma organização revolucionária em todo o país. Afastando-se de Lênin quanto ao problema das eleições, Bordiga era, sem dúvida, o que melhor compreendera o risco da cisão sancionada, no plano internacional, com a criação da III Internacional: "O objetivo histórico dos comunistas é a formação do partido político de classe e a luta pela conquista revolucionária do poder". Com um radicalismo menos marcado, freqüentemente taxado de anarco-sindicalismo, o grupo da *Ordine Nuovo* de Turim continuava, por sua vez, seu trabalho de organização paciente, limitado a Turim e seus arredores. Foi essa sem dúvida, sem falar do conteúdo do programa, a fraqueza essencial do movimento, destinado a permanecer isolado.

Pôde-se observá-lo por ocasião da famosa "greve das agulhas", em abril de 1920. A direção da FIAT, tendo adotado a hora legal sem consultar as comissões internas, fez com que estas proclamassem uma primeira greve (28 de março) que resultou (13 de abril), numa greve de solidariedade, estendendo-se por toda a região de Piemonte e reunindo meio milhão de operários e de camponeses. Para a C.G.L. era um ato de indisciplina caracterizada. O Conselho nacional do P.S.I., reunido em Milão, recusou-se a intervir. Isolado, o movimento estava condenado a perecer. Em 24 de abril, após dez dias de luta, o trabalho recomeçou.

Foi necessário, contudo, para que se destruíssem as últimas ilusões, o malogro da ocupação das fábricas, no verão de 1920.

A ocupação das fábricas

Desta vez o movimento visava obter um aumento de salário — sinal de que o nível das lutas já baixara. Depois de dois meses de discussões, a 13 de agosto de 1920, os industriais rompiam as negociações com os dirigentes da Federação dos metalúrgicos. Estes decidiram então pôr em prática a obstrução e, eventualmente, ocupar as fábricas. A 30 de agosto de 1920 a Força Pública ocupou os estabelecimentos Romeo de Milão. No mesmo dia, às 17 horas, as trezentas fábricas de Milão estavam nas mãos dos operários. O movimento continuava em Turim, Gênova e nas principais cidades do "triângulo", estendendo-se a toda a Itália. Como já o narrava o *Umanita Nova* de 1º de setembro de 1920: "Colocaram-se sentinelas nas portas e içaram-se sobre as fábricas bandeiras vermelhas e bandeiras negras". E quase em toda a parte houve, como em Dalmine um ano antes, a "greve produtiva".

Longe de intervir como o exigiam os industriais — propôs ironicamente a um deles que mandasse bombardear sua fábrica... — Giolitti, que nem se deu ao trabalho de interromper suas férias, contentou-se em mandar as tropas cercarem as fábricas e em fazer com que a polícia e o exército ocupassem os centros industriais. Assim "enquistado", o movimento só podia fracassar. Seria necessário ampliá-lo. Mas, como deveria notar Rakosi, "todos os revolucionários — Serrati, Bordiga, Borghi — encontravam-se em Moscou". Exceto os anarquistas e o grupo da *Ordine Nuovo,* bem poucos pensavam em se empenhar numa "luta decisiva" (Ver Documento 6). A 7 de setembro, em Sampierdarena, uma conferência anarquista, de que participaram o secretário da Seção Metalúrgica de Turim, Pietro Ferrero, e um anarquista ligado ao *Ordine Nuovo,* Maurizio Garino, projetou "criar um fato consumado", ocupando o porto de Gênova, e depois todos os portos da Ligúria e todos os estabelecimentos industriais. Mas, apoiada pelas garantias do delegado da C.G.L. Colombino, para quem a própria central sindical, sem tardar, tomaria essa decisão, a assembléia decidiu não se empenhar numa ação parcial e prematura.

Reunidos em Milão (9-11 de setembro), os dirigentes da C.G.L. recusaram-se a manter uma ação revolucionária. Era necessário, para D'Aragona, contentar-se em fazer com que reconhecessem "o princípio do controle sindical das empresas". Colocou-se então a revolução em votação... A tese de D'Aragona venceu por 591 245 votos contra 409 596 e 93 623 abstenções.

Em 15 de setembro, Giolitti reuniu em Turim os representantes das duas posições para atualizar esse reconhecimento do controle sindical exigido pela C.G.L. O acordo foi assinado em 22 de setembro e, em 4 de outubro, o trabalho recomeçou. Um decreto-lei de Giolitti, em 19 de setembro, constituíra uma comissão paritária encarregada de preparar a lei sobre o controle sindical. Encontrava-se aí, em companhia de Turati, Umberto Terracini, do grupo do *Ordine Nuovo* [2].

Giolitti e o planejamento do capital

As novas relações entre os bancos e a indústria pesada, o surgimento de um capital financeiro, exigiam

---
2. "Ignazio Silone ricorda una posizione dei comunisti al tempo della resa", *Umanità Nova,* 11 out. 1964.

uma transformação das relações entre o capital e a força-trabalho. Tratava-se de intensificar o controle do capital sobre a força-trabalho, de integrá-la ao capital, transformando-a num momento de seu desenvolvimento. A 7 de março de 1920, a primeira conferência nacional dos industriais italianos definiu esse novo planejamento do capital e confirmou a hegemonia da Confindustria sobre o conjunto da economia. Giovanni Silvestri, presidente da Confindustria, expôs então bastante esquematicamente os objetivos do capital: "intensificar a produção", reforçar a disciplina trabalhista, certamente, mas também os industriais, com vistas a estabelecer "um novo e moderno equilíbrio social". Decidiu-se então recorrer a Giolitti.

A atitude "homeopática" deste último — segundo expressão de Gramsci — em face da ocupação das fábricas já não correspondia, sem dúvida, às exigências dos industriais. Tudo ocorreu como se a Confindustria tivesse se preocupado em vencer a iniciativa operária a fim de integrar a força-trabalho necessária à realização do planejamento do capital e em demonstrar a incapacidade do governo, doravante inútil. Como elo mais fraco da cadeia do capital internacional, sem a "retaguarda" de um Império ou de um Commonwealth, o capital italiano não era daí em diante suficientemente forte para contentar-se com os métodos de Giolitti [3]. A criação da Guarda Real — iniciativa de Nitti —, na primavera de 1920, constituiu provavelmente o sinal precursor dessa mudança, à qual sucedeu o fascismo.

A "conversão" necessária

As únicas vantagens de Mussolini eram sua disponibilidade e seu isolamento, até mesmo sua fraqueza, ainda mais manifestos por seu fracasso nas eleições. Desencorajado, prostrado, atormentado por dificuldades financeiras, pensara então em abandonar tudo, inclusive seu jornal, mesmo em emigrar. O homem e seu programa pareciam ainda demasiado

---

3. Ver "A ocupação das fábricas, oportunidade perdida?", p. 119.

subversivos para interessar diretamente aos "capitalistas"; a opção republicana só poderia incomodar.

A atitude de Mussolini na época do "Natal de sangue" testemunhou muito bem, a despeito de algumas declarações clangorosas, que, se não fora comprado por Giolitti, suas perspectivas eram, daí em diante, muito próximas das do velho liberal: aproximação que já se manifestara no momento da ocupação das fábricas.

Mussolini e a ocupação das fábricas

A partir de 10 de agosto de 1920 o *Popolo d'Italia* manifestou sua simpatia por um movimento preocupado em não ultrapassar seus "limites estritamente econômicos". O jornal — e essa foi sua palavra de ordem durante todo esse período — valia-se em todo o caso de uma transação, de um compromisso. Em 5 de setembro, vendo que a ocupação se prolongava, Mussolini advertiu: "Nós nos oporemos por todos os meios a uma experiência bolchevista". A 10 de setembro Mussolini encontra-se, em Milão, com Bruno Buozzi e Mário Guarnieri, para propor-lhes sua mediação.

Mussolini pareceu então representar uma espécie de ponto geométrico para o qual convergiam as posições dos reformistas e as de Giolitti. Pouco depois, por intermédio do prefeito de Milão, Lusignoli, entabularam-se negociações com Giolitti sobre o problema de Fiume. Houve, da parte de Giolitti, uma ajuda em dinheiro como se sugeriu em seguida? Em 12 de novembro Mussolini publicou um artigo aprovando o tratado ítalo-iugoslavo e desde então só restava atribuir a culpa da "traição" de Rapallo aos nacionalistas.

O fascismo rural

Fora do quadro urbano — que Mussolini destinara ao fascismo nascente e que escapava, ao que parece, um pouco ao seu controle — começou a manifestar-se a essa altura o fascismo rural. A constituição da Confederação Geral da Agricultura, a 18 de agosto de 1920, reagrupava a grande e a média propriedade de terras e as indústrias agrícolas a fim de dirigir contra as "ligas", vermelhas ou brancas, uma política de reação e de contra-revolução. A formação de "conselhos de fazenda", iniciativa das Ligas católicas na época da ocupação das fábricas, forneceu o pretexto para a reação. O ataque do Palazzo Accursio, a prefeitura de Bolonha, em 24 de novembro de 1920, marcou o início do terror branco. Houve mortos e uma centena de feridos. Omitiu-se mesmo o ataque da Casa do Povo de Siena, em 7 de março, o atentado contra a sede das organizações eslavas de Trieste, em 14 de julho, e ainda em Trieste, o incêndio do diário socialista *Il lavoratore*, em 14 de outubro. A 20 de dezembro foi a vez da municipalidade de Ferrara; depois, em janeiro de 1921, o incêndio da Câmara do Trabalho de Bolonha; em 28 de fevereiro o da de Trieste e assim por diante.

O governo teve sem dúvida sua parte de responsabilidade nessa chama repentina de violência. Uma circular do Ministro da Guerra, Ivanoe Bonomi, que convidava os oficiais desmobilizados a aderir aos *fasci*, fez com que o movimento se engrossasse com antigos combatentes; as expedições punitivas foram freqüentemente dirigidas por antigos oficiais como Dino Grandi ou Italo Balbo. Às simpatias mal dissimuladas da imprensa burguesa ou de informação acrescentava-se a benevolência das autoridades que fechavam os olhos e não se importavam com o que realmente acontecia. Uma circular do Ministro da Justiça teria, segundo Tasca, convidado os magistrados italianos a não empreender perseguições aos fascistas. Estes passaram assim de uns vinte mil, no final de 1920, a mais de duzentos mil um ano depois.

Os fascistas e seus aliados

A derrota do exército vermelho face a Varsóvia na época da ocupação das fábricas, a repressão da sublevação de Cronstadt e o encaminhamento para a N.E.P., as decisões do III Congresso da Internacional

Comunista, testemunharam um início de estabilização do capitalismo mundial e o refluxo da revolução. A Itália viu reforçar-se o "Fronte interno" dos anos de guerra. Em janeiro de 1921 constituiu-se uma federação de todas as Uniões antibolchevistas e Organizações cívicas da Itália com o objetivo de "opor-se a qualquer reviravolta política e social" e organizou, por ocasião das greves, as primeiras manifestações de "trabalho voluntário", em que o fascimo se inspiraria logo a seguir.

No segundo Congresso dos Fasci (24-25 de maio de 1920) Mussolini opusera-se a Marinetti com relação à questão do Vaticano e da República: O Vaticano representava "quatrocentos milhões de homens espalhados pelo mundo", podia-se utilizá-lo em benefício do expansionismo italiano. Quanto à questão das instituições, era preferível julgar a monarquia a julgar suas obras. A solução dos problemas encontrava-se em todo o caso na "colaboração entre o proletariado produtor e a burguesia produtora". Cansado de todo esse "passadismo", Marinetti demitiu-se.

Tal ruptura era sobretudo sintomática, menos grave que a que se esboçava com D'Annunzio e De Ambris. O último relatório de Fiume, de fato, convidara os legionários, uma vez de volta à Itália, a romperem com os "traidores" e a se reagruparem em organizações autônomas, apoiando-se na Carta de Quarnero. Enquanto alguns, encorajados por D'Annunzio, aderiam ao efêmero Partito Nazionale Democratico, mantido e financiado, ao que parece, pela *Grande Loge*, De Ambris organizava a Federazione Nazionale dei Legionari Fiumani que publicou vários periódicos, entre os quais a *Vigilia* de Milão e a *Riscossa* de Bolonha, geralmente hostis aos *Fasci*.

A grande causa de discórdia continuava a ser, evidentemente, a atitude de Mussolini na época do "Natal de sangue". Assim, a *Vigilia* perguntava-se por que os fascistas não haviam feito "para o assassínio de Fiume o que fazem todo dia desde que se pise no calo de um fascista". E ainda mais, sempre segundo a *Vigilia*, "sob pretexto de lhes dar trabalho", os fascistas utilizavam os antigos legionários como "furadores de greve". Em fevereiro de 1921 um grande tumulto que opôs, em Turim, legionários e fascistas, chegou mesmo a fazer com que alguns comunistas, como Gramsci, pensassem em organizar, apoiando-se em D'Annunzio, uma espécie de movimento "nacional-bolchevique" como o que existia nessa época, na Alemanha.

A cisão de Livorno

Em 21 de setembro de 1920 o *Avanti!* publicou as "21 condições" de adesão à Internacional Comunista. Mas desde 28 de setembro patenteara-se que Serrati, como já se previra, não se decidira a romper com os reformistas nem a renunciar à velha denominação do Partido. Não se aceitara, no Partido francês, "socialistas chauvinistas" como Cachin?

A cisão deu-se no Congresso de Livorno (15-21 de janeiro de 1921)[4]. A despeito dos esforços de alguns delegados como o comunista alemão Paul Levi, a linha de ruptura passava entre Serrati e os comunistas. Tal cisão — notava J. Mesnil — não resolvia absolutamente as contradições do Partido Socialista; uma outra cisão — à direita — era inevitável. Esta efetivamente ocorreu: um ano e meio depois, no Congresso de Roma do P.S.I. (1º-4 de outubro de 1922) onde o grupo formado por Serrati e os partidários da III Internacional obteve 32 106 votos contra 29 119 para os reformistas. O número total dos componentes do Partido reduzia-se, pois, nesse momento, a sua metade: reformistas e unitários reunidos contavam, em Livorno, com 112 723 adesões; não passavam então de 61 225. E, sobretudo, enquanto o número dos reformistas passara de 14 695 a 29 119, o dos partidários de Serrati diminuíra em dois terços, caindo de 98 028 para 32 106. Quanto ao contingente de comunistas, era ainda, na ocasião do Congresso de Roma do P.C. da Itália (20-24 de março de 1922), de 43 211 adeptos, contra o de 58 783 de Livorno.

---

4. A votação resultou em 98 028 votos para a moção "unitária" (Serrati), 58 783 para a moção comunista "pura" (Bordiga) e 14 695 para os reformistas da "concentração socialista" (Turati).

CAPÍTULO VIII

O Partido Nacional Fascista e a "Marcha Sobre Roma"

O "pacto de pacificação"...

Com a decisão de Giolitti de aproveitar as eleições para integrar os Fascitas às outras forças burguesas, trinta e cinco deputados fascitas, entre os quais Mussolini, foram eleitos em "listas nacionais" que reuniram todos os partidos italianos, dos liberais aos fascistas. O primeiro discurso de Mussolini na Câmara, em 21 de junho, foi um manifesto "manchesteriano", exigindo que o Estado, "reduzido a sua mais simples expressão", abandonasse a economia à "iniciativa privada".

As eleições se desenrolaram num clima de violência e de terror inaudito: "Vivemos dias de angústia, escrevia Serrati... Nossos negócios e nossa própria vida já não valem um centavo". Mussolini estava contudo resolvido a "normalizar" a situação. Passada a primeira onda do *squadrismo* agrário, o "perigo bolchevique" parecia definitivamente afastado, as ajudas financeiras tinham diminuído. Os mais "políticos" dentre os facistas, Cesare Rossi em particular, sublinhavam esse refluxo, anunciavam o isolamento: quase ruptura com D'Annunzio, ruptura certa com De Ambris e a U.I.L. A primeira manifestação do "Comitê de Defesa Proletária" de Roma, em 6 de julho, fizera com que se receasse uma reação popular. Pouco depois, em Sarzana, uma dúzia de carabineiros afugentavam perto de quinhentos fascistas: dezoito mortos, quarenta feridos. Era necessário reorganizar-se; reencontrar — como escrevia Mussolini — "o sentido dos limites". A assinatura de um "pacto de pacificação" com os socialistas, em 3 de agosto de 1921, traria uma trégua.

... e a crise interna do Fascismo

Esse pacto chocou-se contra a oposição dos *rasos* de província. Durante o mês de agosto, Grandi e Balbo, apoiados por Marsich, pediram a D'Annunzio para assumir a chefia de uma "marcha sobre Roma", que seria apoiada por alguns generais. O "Comandante" esquivou-se. Tentando uma última manobra, em 17 de agosto, Grandi reuniu em Bolonha os dirigentes dos *Fasci* dissidentes para fazê-los condenar a "pacificação", o compromisso parlamentar, a "traição". Os *Fasci* rurais continuaram a luta. Mussolini, imitado por Cesare e Rossi, logo apresentou sua demissão e propôs retornar às fileiras. Mas, já em 23 de agosto, propunha sua solução: transformar o movimento em partido. Quando um novo choque com a polícia provocou entre os fascistas oito mortos e trinta feridos, a causa pareceu decidir-se.

O Congresso de Roma (7-9 de novembro de 1921): o Partido Nacional Fascista

Se se absteve de retirar sua demissão, Mussolini, por outro lado aplicou-se em preparar, às escondidas, a grande reconciliação com Grandi e Marsich que iria ficar no centro do congresso. Este se desenrolou num clima de violências que se, por um lado, pareceu dar-lhes razão, por outro irritou um pouco os "políticos".

Por isso Mussolini acentuou sua guinada para a direita: elogio do Estado liberal, aspirações imperialistas, negação da luta de classes, ambigüidade sobre a questão das instituições, apologia de Crispi. Com maior brilhantismo, Grandi defendeu pela última vez o socialismo nacional *"Liberdade, nação, sindicalismo*: o Estado deve resumir-se em uma grande e potente hierarquia de sindicatos". Contudo, isso não passou de fogo de palha. A 9 de novembro, uma moção de Michele Bianchi proclamou a constituição do P.N.F. Dois meses depois, Rossoni organizou a Confederação Nacional das Corporações Sindicais [1].

Se, por um lado, o programa do P.N.F. foi publicado apenas no final do ano (Ver Documento 7), por outro, desde 15 de novembro, tendo como pretexto as "violências" dos *Arditi* vermelhos, o Comitê Central denunciou o "pacto de pacificação". Balbo e o general Gandolfo foram então encarregados de organizar "o exército fascista" que, segundo o programa, formava "um todo" com o Partido. As violências recomeçaram. Após o assassinato do deputado socialista Boldori, uma circular aos prefeitos, em 23 de dezembro, proibiu as organizações armadas; mas não surtiu efeito: seria necessário, para aplicá-la, proibir o P.N.F.

Final do após-guerra

A 10 de abril de 1922 iniciou-se em Gênova uma conferência econômica internacional que se propunha normalizar as relações com a Rússia bolchevista e a reintegrar a Alemanha na economia européia. A quebra do Banco de Desconto e a derrocada de Ansaldo, seguida pela da Ilva, acabavam de tornar manifesta a principal fraqueza do capital italiano: a insuficiência dos investimentos. A reconstrução da Alemanha, como Nitti insinuava em *L'Europa senza pace* (1921), teria permitido à Itália recuperar sua principal fonte de investimentos estrangeiros, e o capital italiano poderia então entregar-se a essa política democrática de que Nitti era o porta-voz. Depois do tratado de Rapallo,

---

1. O P.N.F. contava (nov. 1921) 320 000 membros. A Confederação (ago. 1922), 458 000, dos quais 277 000 camponeses, 72 000 operários e 109 000 membros das "classes médias".

tornou-se evidente que a reconstrução alemã seguiria outros caminhos.

A crise era já quase insolúvel. O arcebispo de Milão, Achille Ratti, eleito papa (Pio XI), favoreceu as iniciativas do cardeal Boffiani e do marquês Cornaggia, que, desorientando o Partido Popular, tornaram impossível qualquer aproximação com os Socialistas. A constituição da Aliança do Trabalho, iniciativa dos anarco-sindicalistas, não interessou o Partido Comunista. Contrariando as decisões do III Congresso da Internacional Comunista, as *Teses de Roma,* inspiradas por Bordiga, mas aprovadas pela direita (Tasca) e pelo centro (Gramsci), proclamavam que se a crise estrutural do capitalismo continuasse a se agravar na Itália, a ofensiva revolucionária seria ainda possível.

Ferrara, Cremona, Rovigo, Andria, Sestri Ponente, Pesaro, Viterbo, Alatri, Tolentino, Ancona, Novara, Ravena, Rimini: todos nomes de expedições fascistas. Facta, sucessor de Bonomi, não interferia. Abandonada a si mesma, a greve das organizações operárias do "triângulo industrial" foi um fracasso (18-19 de julho). Recebido pelo rei em 29 de julho, Turati continuava a acreditar num governo de coalizão mantido pelos reformistas. A "greve legalitária" de 1º de agosto foi sem dúvida um último esforço nesse sentido. Prevenidos, os fascistas empenharam-se, a partir de 31 de julho, numa ofensiva geral que resultaria, entre outras coisas, na ocupação da prefeitura de Milão, de onde D'Annunzio, uma vez mais, dirigiu-se à multidão. Única exceção: Parma resistiu cinco dias aos fascistas. "A marcha sobre Roma começou", declarou Mussolini a 11 de agosto.

A preparação do golpe de Estado

A quebra da Aliança do Trabalho após o fracasso da "greve legalitária", a cisão socialista de Roma (4 de outubro), depois a ruptura do pacto de ação entre a C.G.L. e os socialistas (6 de outubro) comprovaram que nenhuma força poderia mais se opor aos fascistas. Ao mesmo tempo que confiava a Balbo, De Bono e De Vecchi a organização da Milícia fascista, Mussolini aplicava-se, daí em diante, em tranqüilizar a monarquia. "É necessário ter a coragem de ser monarquista!" acabou por proclamar em Udine, a 20 de setembro. Conquistada a monarquia, conquistava-se também o exército: e Badoglio deu a conhecer a neutralidade do exército, enquanto a rainha-mãe, Margarida de Savóia, assegurava aos tenentes do *Duce* simpatias da corte.

O caminho estava portanto livre. Giolitti? Instaurando a nominatividade dos títulos bancários [2], atraíra a hostilidade dos meios financeiros ligados ao Vaticano. Salandra, "Camisa negra honorário", concordara com Mussolini sobre uma fórmula de governo. Mas, a 28 de outubro, os dirigentes da Confindustria, da Confagricoltura e da Associação Bancária informaram-no que somente Mussolini os satisfaria. Restava ainda D'Annunzio, que Facta esperara dispor contra os fascistas por ocasião das cerimônias de 4 de novembro. A constituição de um comitê de acordo nacional-fascista (24 de setembro), e depois a assinatura de um pacto entre Mussolini, D'Annunzio e Giulietti (16 de outubro), colocaram um fim nesses projetos.

A "marcha sobre Roma"

Quando, em 25 de outubro, Michele Bianchi lançou diante do congresso fascista de Nápoles seu famoso apelo: "Fascistas, chove em Nápoles, o que é que vocês esperam?" Mussolini, em contacto permanente com Giolitti desde o início do mês, já sabia pois quais eram suas possibilidades. A 27 de outubro, a demissão do Ministro das Obras Públicas, Riccio, fiel a Salandra, provocava a queda do governo. No dia seguinte, Facta, enfurecido, apresentava ao rei um decreto proclamando o estado de sítio, que o soberano se recusou a assinar. Mussolini, de volta a Milão, esperava. Um telegrama do rei, em 29 de outubro, convidou-o a organizar o governo.

---

2. A revogação desta lei, a 10 de novembro de 1922, foi uma das primeiras medidas do governo fascista.

SEGUNDA PARTE:
ELEMENTOS DO DOSSIÊ E SITUAÇÃO DO PROBLEMA

DOCUMENTOS

1. Manifesto-programa do Partido político futurista.
2. As reivindicações da Unione Italiana del Lavoro.
3. Programa dos Fasci Italiani de Combattimento.
4. Os fascistas é o 1º de maio de 1919.
5. Manifesto antibolchevique.
6. Errico Malatesta — A ocupação das fábricas.
7. Programa do Partido Nacional Fascista.
8. Amadeo Bordiga: O Partido Comunista Italiano e a ofensiva capitalista.

Documento 1:

MANIFESTO-PROGRAMA DO PARTIDO POLÍTICO FUTURISTA
(trechos escolhidos).

1. O Partido Político Futurista que fundamos quer uma Itália livre, forte, que não seja mais submetida a seu grande passado, ao estrangeiro amado demais, e aos padres muito tolerados: uma Itália sem tutela, absolutamente senhora de todas as suas energias e voltada para seu grande futuro.

2. A Itália, única soberana. Nacionalismo revolucionário pela liberdade, o bem-estar, o aperfeiçoamento físico e

intelectual, a força, o progresso, a grandeza e o orgulho de todo o povo italiano.

3. Educação patriótica do proletariado [...].

4. Transformação do Parlamento através de uma justa participação de industriais, agricultores, engenheiros e comerciantes no Governo do país. [...] Abolição do Senado.

Se esse Parlamento racional e prático não traz bons resultados, nós o aboliremos para alcançar um Governo técnico, sem Parlamento, um Governo composto por 20 técnicos eleitos pelo sufrágio universal.

Substituiremos o Senado por uma Assembléia de controle composta de jovens de menos de trinta anos, eleitos pelo sufrágio universal [...].

5. Substituir o atual anticlericalismo retórico e quietista por um anticlericalismo de ação, violento e resoluto, para livrar a Itália e Roma de sua Idade Média teocrática que poderá escolher o lugar que lhe convém para morrer lentamente. [...] Única religião, a Itália de amanhã [...].

6. Supressão da autorização marital. Facilidade para o divórcio. Desvalorização progressiva do casamento para chegar-se gradualmente ao amor livre e aos filhos do Estado.

7. [...] Preparação de uma mobilização industrial completa (armas e munições) que, em caso de guerra, será realizada ao mesmo tempo que a mobilização militar.

Completamente preparados, com uma despesa mínima, para uma guerra eventual ou uma eventual revolução [...].

8. Preparação da futura socialização das terras [...]. Sistema fiscal fundamentado no imposto direto e progressivo [...]. Direito de greve, de reunião, de organização, liberdade de imprensa.

....

10. [...] Extinção da indústria estrangeira, perigosa e aleatória [...].

....

11. Reforma radical da Burocracia que se tornou hoje um fim em si mesma e um Estado dentro do Estado.

....

Manteremos esse programa político pela violência e pela coragem futurista que caracterizaram até agora nosso movimento nos teatros e nas ruas. Todo mundo sabe, na Itália e no exterior, o que entendemos por violência e por coragem.

Fonte: Renzo DE FELICE, *Mussolini il rivoluzionario*, pp. 738-741.

Documento 2:
AS REIVINDICAÇÕES DA UNIONE ITALIANA DEL LAVORO.
NÓS QUEREMOS:

1. Constituinte Nacional, compreendida como seção italiana da Constituinte Internacional dos Povos, para proceder

à transformação radical das bases políticas e econômicas da vida social, através de métodos e meios que garantam, sem estagnações ou interrupções, a continuação e o desenvolvimento da civilização.

2. Proclamação da República Italiana. Descentralização do poder executivo; autonomia administrativa das Regiões e das Comunas por meio de órgãos legislativos próprios. Soberania popular exercida através do sufrágio universal igual e direto dos cidadãos de ambos as sexos, com o direito de iniciativa, de referendo e de veto para o povo. Extirpação da burocracia irresponsável e reorganização *ex novo* da administração dos organismos estatais. Limitação das funções do Estado à direção civil e política da vida nacional.

3. Abolição do Senado e de qualquer forma artificial e arbitrária de limitação da soberania popular. Abolição da polícia política; constituição de uma Guarda Cívica Comunal e Nacional. Magistratura eletiva, independente do poder executivo.

4. Abolição de todas as distinções e títulos de casta dos príncipes, duques, marqueses, condes, comendadores, cavaleiros etc. Os únicos títulos de honra e de nobreza serão: a inteligência, a honestidade, o trabalho.

5. Abolição da convocação obrigatória. Desarmamento geral e interdição, em todas as nações, da fabricação de armamentos e navios de guerra.

6. Liberdade de pensamento, de religião, de associação, de imprensa, de propaganda, de agitação individual e coletiva.

7. Sistema de educação com escolas de cultura, de arte e de profissões efetivamente livres e acessíveis a todos. Bibliotecas gratuitas para o conhecimento e o estudo de tudo o que se pensa e escreve em cada um dos domínios da pesquisa intelectual e científica. Instrução superior reservada apenas às capacidades manifestas e próprias a desenvolver a ciência e a cultura do próximo. Escolha escrupulosa e garantias aos educadores, tendo-se em conta a grande importância social de sua tarefa.

8. Organização extrema, até a perfeição, da higiene social, através do saneamento das habitações das cidades e dos campos e a construção de novas e modernas residências. Apoio e assistência incondicionada aos mutilados, aos órfãos, aos inválidos, aos velhos, aos doentes, à maternidade, aos deficientes. Eliminação de qualquer manifestação de miséria e de mendicidade e, assim sendo, de toda e qualquer forma de caridade degradante e hipocritamente compassiva.

9. Dissolução das sociedades anônimas, industriais e financeiras; supressão de qualquer forma de especulação bancária e bolsista; criação de um organismo nacional com seções regionais, que regularize os valores, distribua o crédito e mantenha com os produtos do trabalho — estabelecidos para este

fim e sem taxas, impostos ou algo semelhante — as administrações públicas.

10. Recenseamento e redução das fortunas individuais. Confiscação das rendas improdutivas. E, nesse sentido, pagamento das dívidas do velho Estado pelos possuidores que ele protegeu e que foram seus beneficiários.

11. Trabalho proibido para menores de 16 anos. Após 16 anos, trabalho de oito horas diárias obrigatório para todos. Basta de parasitas que não se mostram úteis, segundo sua capacidade, à comunidade social; condenação da ociosidade como manifestação de criminalidade humana.

12. Intensificação da produção agrícola industrial, da exploração do mar e desenvolvimento da navegação, não para o proveito de um pequeno número, mas para garantir um alto nível de vida aos que trabalham, conforme a idéia superior da justiça distributiva da riqueza produzida.

13. Reorganização do sistema da produção com base associativa e a participação direta de todos os elementos do trabalho intelectual, técnico e manual: restituição da terra a ser cultivada aos camponeses associados; administração das indústrias, dos transportes e dos serviços públicos aos Sindicatos dos técnicos e dos trabalhadores. Eliminação de qualquer forma de especulação individual sobre a produção, através do estabelecimento do princípio social segundo o qual se deve produzir para o bem-estar comum e para o perfeito funcionamento das administrações civis locais, regionais, nacionais.

14. Abolição da diplomacia secreta. Política internacional aberta, inspirada na idéia da solidariedade e da fraternidade dos povos, obrigando-se ao respeito recíproco da independência e dos interesses nacionais de cada povo. Controle do câmbio para a exportação e para a importação. Realização da grande idéia da liberdade de cada cidadão na Nação e da Nação na Internacional.

Fonte: *Battaglie dell'Unione Italiana del Lavoro,* 8/2/1919, p. 4.

Documento 3:
PROGRAMA DOS FASCI ITALIANI DI COMBATTIMENT0.

Italianos!

Eis o programa nacional de um movimento sadiamente italiano.

Revolucionário, porque antidogmático e antidemagógico; poderosamente inovador porque desprovido de apriorismos.

Colocamos acima de tudo e de todos a valorização da **guerra revolucionária.**

Os outros problemas: burocracia, administração, direito, escolas, colônias etc., nós os esboçaremos quando tivermos criado a classe dirigente.

É por isso que QUEREMOS:

Para o problema político:

a) Sufrágio universal com escrutínio de lista regional e representação proporcional, direito de voto e elegibilidade para as mulheres.

b) Redução do limite de idade — dezoito anos — para os eleitores, e vinte e cinco para os Deputados.

c) Abolição do Senado.

d) Convocação, para um período de três anos, de uma Assembléia Nacional que deverá, como tarefa essencial, estabelecer a forma de constituição do Estado.

e) Formação de Conselhos nacionais técnicos do trabalho, da indústria, dos transportes, da higiene social, das comunicações etc., eleitos pelas coletividades profissionais ou de ofício, com poderes legislativos e o direito de eleger um Comissário-Geral com poderes de Ministro.

Para o problema social:

QUEREMOS:

a) Promulgação rápida de uma Lei que sancione, para todos os trabalhadores, a jornada legal de oito horas de trabalho.

b) O salário-mínino.

c) A participação dos representantes dos trabalhadores no funcionamento técnico da indústria.

d) A concessão, para as próprias organizações proletárias (contanto que elas sejam dignas moral e tecnicamente), da administração de indústrias ou de serviços públicos.

e) A organização rápida e completa dos ferroviários e de todas as indústrias dos transportes.

f) Uma modificação necessária do projeto de lei de segurança por invalidez ou velhice, que diminua o limite de idade de 65 anos para 55 anos.

Para o problema militar:

QUEREMOS:

a) Instituição de uma Milícia Nacional, com breves períodos de instrução e um objetivo exclusivamente defensivo.

b) Nacionalização de todas as indústrias de armamentos e de explosivos.

c) Política exterior nacional que valorize, nas competições pacíficas da civilização, a nação italiana no mundo.

Para o problema financeiro:

QUEREMOS:

a) Um grande imposto extraordinário de caráter progressivo sobre o capital, que represente uma autêntica EXPROPRIAÇÃO PARCIAL de todas as riquezas.

b) O confisco de todos os bens das Congregações religiosas e a supressão de todos os rendimentos episcopais, que constituem um déficit enorme para a Nação, e um privilégio para uma minoria.

c) A revisão de todos os contratos de provisões de guerra e o confisco de 85% dos benefícios de guerra.

Fonte: *Il Popolo d'Italia*, 6/6/1919.

Documento 4:
OS FASCISTAS E O 1.º DE MAIO DE 1919.

Operários!

Hoje é a vossa festa e a vossa vitória. O Primeiro de Maio de 1919 vê realizada a aspiração às oito horas de trabalho.

A vitória da Itália foi a vitória de vossos braços de trabalhadores ou de combatentes: a vitória operária é a própria vitória da Itália.

Reconhecei, graças a esse acontecimento histórico, a unidade de vossos destinos e dos destinos da pátria.

Não vos torneis voluntariamente estranhos no domínio em que vosso sacrifício interveio: não mutileis vossa história.

Que o que foi pago com vossa vida seja, para vossa consciência, um mérito, da mesma maneira que foi uma dificuldade: não mutileis vossa história.

Que o que mais vos pertence, pois é o grande todo que vos representa e vos dá um valor diante de um mundo dilacerado, que a Itália seja vossa nos fatos e nas consciências, que ela seja vossa vontade: não mutileis vossa história.

Não acrediteis no ódio do vizinho por amor ao distante.

Não acrediteis nesses que gostariam de fazer de vós o fermento da discórdia no país que extraiu força e vitória da unidade.

Não vos junteis aos que quiseram a derrota e encontram-se hoje vencidos na vitória.

Estai com a vitória, pois fostes vitoriosos.

Vosso direito está formidavelmente fundado no mérito: não renegueis vosso mérito.

Vossa justiça tem uma grande voz: não a coloqueis nos lábios daqueles que causam repugnância com suas palavras.

Hoje, quando inimigos dissimulados e escondidos juntam-se aos inimigos visíveis da Itália e quando o imperialismo bancário recusa-se a reconhecer para a Itália os filhos que lhe estendem espontaneamente os braços, hoje, quando ainda se quer questionar os destinos irrevogáveis da pátria, os antigos e os novos inimigos da Itália vos chamam com tanta insolência que vós vos sentis enojados.

Acreditam eles que estais desesperados, que procurais vossa salvação na ruína comum e na vergonha de vosso próprio País.

Quem vos retratou tão ignominiosamente perante a opinião estrangeira? perante — se o preferirdes — a Internacional?

Operários!

De vós dependem a espera confiante do País e a expectativa egoísta de todos os nossos inimigos. Vossa pretensa covardia provoca uma grande inquietação!

Quem fez com que vos cressem covardes?

Não sois o heroísmo da Itália?

Operários!

Sede a nova voz da Itália: a Itália do trabalho, a Itália da paz; a Itália de todos os ideais que vos sorriem; mas a Itália, pois é apenas com esse nome que vossa personalidade social poderá inserir-se na família das nações, e vossa grandeza será a grandeza da Itália, e vós sereis a Itália.

Il fascio di combattimento

Fonte: Panfletos e cartazes de propaganda fascista, patrimônio da B.D.I.C. (▲ 319)

Documento 5:

MANIFESTO ANTIBOLCHEVIQUE.

É inimigo da Itália todo bolchevique.

É bolchevique:

todo aquele que aspira ao advento da ditadura sovieto-comunista que desagrega as nacionalidades e as raças que concretiza o ódio de casta acumulado no decorrer dos séculos; a forja da maior injustiça humana trágico-grotesca; a aniquilação de todo ideal social; a ressurreição da escravidão das inteligências e a instauração de métodos punitivos bárbaros, que proíbem a liberdade, a vida e o pensamento.

É bolchevique:

todo aquele que diminui a Vitória e a grandeza da Itália através da suspeita irônica, da zombaria, do pessimismo; através de palavras, de atos, de artigos;

todo aquele que se empenha, por todos os meios, em retardar o inevitável renascimento italiano na indústria, no comércio, nas artes;

todo aquele que sabota as forças de resistência dos cidadãos;

todo aquele que os torna famintos pelo gosto do lucro, por estar garantido pela impunidade;

todo aquele que, sem ter aptidões necessárias, assume a responsabilidade de ocupar altos cargos no funcionamento da máquina estatal;

todo aquele que se regozija com a transgressão dos direitos e das aspirações da Nação;

todo aquele que, membro do poder constituído, não se inspira na liberdade nem a respeita nos outros;

todo aquele que, por interesses particulares, prejudica-a, deformando-a conforme os ideais dos apóstolos de cada sociedade;

todo aquele que ignora sistematicamente os poderes intelectuais dos que colaboram para a renovação da cultura e das tradições entravadas;

todo aquele que não exalta, não encoraja e não mantém, por todos os meios possíveis, as descobertas estéticas e científicas;

todo aquele que se regozija com sua fossilização e com a fossilização de seu semelhante, aceitando preconceitos e idéias inadaptadas à nossa época abrasada por febres do futuro;

todo aquele que recusa às massas evoluídas a sanção das aspirações político-sócio-econômicas capazes de lhes proporcionarem essa independência de julgamento e de movimento que lhes permitiria desenvolver sua vontade de um futuro mais digno.

É bolchevique:

todo aquele que renuncia aos direitos e às aspirações das maiorias;

todo aquele que faz parte de conluios e de camarilhas funestos ao desenvolvimento da nação;

todo aquele que se obstina, contra os votos de desconfiança da Nação, em querer manipular os poderes do Estado.

É bolchevique:

TODO AQUELE QUE NÃO VÊ NO TRABALHO ININTERRUPTO E NA SUPERPRODUÇÃO INDUSTRIAL A ÚNICA E EXCLUSIVA FORÇA VIVA REDENTORA DA ITÁLIA.

Travaremos uma luta sem tréguas contra todos os bolcheviques.
Fonte: *I Nemici d'Italia Settimanale antibolscevico* (Milão), nº 1, 10/8/1919, p. 1.

Documento 6:

ERRICO MALATESTA — A OCUPAÇÃO DAS FÁBRICAS.

Os metalúrgicos desencadearam o movimento por uma questão de tarifas. Tratava-se de um novo tipo de greve. Ao invés de abandonar as fábricas, eles aí permaneceram sem trabalhar, montando guarda para impedir que os patrões aplicassem o *lock-out*.

Mas era 1920: toda a Itália se agitava com uma febre revolucionária e rapidamente a coisa mudou de figura. Os operários pensaram que chegara o momento de apoderar-se definitivamente dos meios de produção. Armaram-se para a defesa, transformando muitas fábricas em verdadeiras fortificações e começaram a organizar a produção por sua própria conta. Os patrões foram expulsos ou declarados em estado de detenção.

Era a abolição de fato, do direito de propriedade; a lei que defende a exploração capitalista fora violada. E o Governo não intervinha nos acontecimentos pois sentia-se incapaz de opor-se: confessou-o mais tarde, excusando-se diante do Parlamento pela falta de repressão.

O movimento ampliava-se e tendia a englobar as outras categorias: aqui e ali os camponeses ocupavam terras. Era a revolução que começava e que se desenvolvia de uma maneira, eu diria, quase ideal.

Os reformistas viam o fato com maus olhos e procuravam fazê-lo abortar. Mesmo o *Avanti!* não sabendo a que santo devotar-se, procurou fazer-nos passar por pacifistas pois dizíamos que se o movimento se estendesse a todas as categorias e se os operários e camponeses seguissem o exemplo dos metalúrgicos, expulsassem os patrões e se apossassem dos meios de produção, a revolução seria realizada quase sem uma gota de sangue.

As massas estavam conosco: solicitavam-nos que fôssemos às fábricas para falar, encorajar, aconselhar e tínhamos de nos multiplicar por mil para responder a todos os chamados. Em toda parte aonde íamos os discursos eram aplaudidos pelos operários: os reformistas eram obrigados a retirar-se ou a camuflar-se. As massas estavam do nosso lado porque interpretávamos melhor seus instintos, necessidades, interesses.

Contudo, bastaram o trabalho dissimulado dos dirigentes da Confederação Geral do Trabalho e acordos realizados com Giolitti, que fizeram com que se acreditasse numa espécie de vitória, com a trapaça do *controle operário,* para

que os operários deixassem as fábricas, no momento exato em que eram maiores as probabilidades de êxito.
Fonte: *Umanità Nova*, 28/6/1922, Trad. fr. de Armando Tassi.

Documento 7:

PROGRAMA DO PARTIDO NACIONAL FASCISTA.

Fundamentos

O fascismo constituiu-se em Partido político para reforçar sua disciplina e precisar seu "credo".

A Nação não é a simples soma dos indivíduos vivos nem o instrumento dos objetivos partidários, mas um organismo que compreende a série indefinida das gerações cujos indivíduos são elementos passageiros; é a síntese suprema de todos os valores materiais e espirituais da raça.

O Estado é a encarnação jurídica da Nação [...].

O Estado

• O Estado deve reduzir-se a suas funções essenciais de ordem política e jurídica.

[...] Os poderes e as funções atribuídos atualmente ao Parlamento devem ser limitados.

O Estado é soberano: e essa soberania não pode e nem deve ser abalada ou diminuída pela Igreja.

As Corporações

[...]

As corporações devem ser encorajadas conforme duas direções fundamentais: como expressão da solidariedade nacional e como meio de desenvolvimento da produção.

As corporações não devem tender à anulação do indivíduo no interior da coletividade, nivelando arbitrariamente as capacidades e as forças dos indivíduos, mas, ao contrário, a exaltá-los e desenvolvê-los [...].

Princípios de política interior

O Partido Nacional Fascista pretende conferir uma dignidade absoluta aos costumes políticos a fim de que a moral pública e a moral privada não mais se mostrem em contradição na vida da Nação.

Aspira à honra suprema do Governo do País [...].

O prestígio do Estado Nacional deve ser restaurado: o Estado [...] deve ser o zeloso guardião, o defensor e o propagador da tradição nacional, do sentimento nacional, da vontade nacional.
[...]

Princípios de política exterior

A Itália deve reafirmar seu direito de realizar sua plena unidade histórica e geográfica, mesmo nos domínios em que ainda não a realizou; deve preencher sua função de baluarte da civilização latina no Mediterrâneo; deve impor, de maneira consistente e estável, o domínio da lei sobre os povos de nacionalidade diferente anexados à Itália; deve proteger energicamente os italianos no exterior, que devem gozar do direito de representação política [...].

Princípios de política social

O Fascismo reconhece a função social da propriedade privada que é ao mesmo tempo um direito e um dever [...].

O Partido Nacional Fascista agirá:

a) para disciplinar as lutas de interesse desorganizadas entre as categorias e as classes [...];

b) para sancionar e fazer com que se respeite, em todos os lugares e épocas, a interdição da greve nos serviços públicos [...].

Política escolar

A escola deve ter como objetivo geral a formação de pessoas capazes de assegurar o progresso econômico e histórico da Nação; elevar o nível moral e cultural da massa e promover os melhores elementos de todas as classes para garantir a renovação constante das camadas dirigentes.
[...]

A Justiça

[...]
É necessário abolir as magistraturas especiais. O Partido Nacional Fascista declara-se favorável à revisão do código penal militar.

O processo deve ser rápido.

A Defesa nacional

[...] O Partido Nacional Fascista preconiza a organização imediata de um Exército que, com formação completa e perfeita, por um lado zele — escolta atenta — pelas fronteiras conquistadas e, por outro, no País prepare, arraste e enquadre os espíritos, os homens e os meios que a Nação possa produzir, com seus infinitos recursos, na hora do perigo e da glória.

Organização

O Fascismo em ação é um organismo:

a) político;

b) econômico;

c) de combate.

No domínio político, aceita, sem sectarismo, todos os que subscrevem sinceramente seus princípios e obedecem a sua disciplina; encoraja e valoriza os talentos particulares, reunindo-os segundo suas atitudes em grupos de competência; participa intensa e constantemente de todas as manifestações da vida política de sua doutrina realizando contingentemente o que poderia fazê-lo de modo prático e reafirmando seu conteúdo integral.

No domínio econômico encoraja a constituição das corporações profissionais, puramente fascistas ou autônomas, conforme as exigências de tempo e de lugar, com a condição de que obedeçam, em sua essência, ao princípio nacional segundo o qual a Nação está acima das classes.

No domínio da organização de combate, o Partido Nacional Fascista forma um único todo com suas esquadras: milícia voluntária a serviço do Estado Nacional, força viva em que se encarna a Idéia Fascista e pela qual essa idéia é defendida.

Fonte: *Il Popolo D'Italia*, 27/12/1921.

Documento 8:

AMADEO BORDIGA: O PARTIDO COMUNISTA DA ITÁLIA E A OFENSIVA CAPITALISTA.

Detido a 3 de fevereiro de 1923, como outros dirigentes comunistas, sob a acusação de estimular o ódio de classe e de exercer atividades antifascistas, Amadeo Bordiga apresentou, diante do Tribunal penal de Roma, um relatório sobre as atividades do P. C. da Itália, de que apresentamos aqui alguns trechos escolhidos. O título é nosso.

....

Os anos de 1919 e 1920 conheceram um grande fluxo de atividade proletária; mas apenas na Rússia essa atividade atingiu um resultado efetivo. Nos outros países, a partir de 1920, desencadeou-se esse fenômeno geral que denominamos "ofensiva capitalista" [...].

....

Diante da agitação proletária à qual faltava, contudo, a consciência e coordenação necessárias, a classe dominante, depois de ter passado por um período de confusão, mas antes que o proletariado se tivesse aproveitado disso de maneira irreversível, constata que dispõe de forças políticas e, portanto, militares que pode empregar com sucesso na defesa do regime.

No seio da burguesia manifestam-se correntes que preconizam a "maneira forte". O capitalismo vê assim a situação econômica: pode-se procurar salvar da ruína o sistema econômico burguês, contanto que se possa dispor, pelo menor preço possível, do trabalho proletário para cobrir as enormes brechas cavadas pela guerra e pela crise. Daí, um plano sistemático de ação constituída por todas as forças burguesas: reação política através dos órgãos estatais e das milícias privadas, ofensiva sindical dos patrões contra os contratos de trabalhos vantajosos impostos pelos operários no início do pós-guerra.

O objetivo é dispensar não somente os partidos subversivos, mas também as organizações econômicas da classe trabalhadora.

Portanto, uma ofensiva geral, que visa não somente paralisar o ataque revolucionário, mas que se propõe também a expulsar o proletariado das posições que conquistou e a tirar-lhe as posições conquistadas que já lhe haviam sido reconhecidas.

Esse retorno ofensivo da classe dominante, particularmente quando o partido comunista não tem influência sobre a totalidade do proletariado e quando as organizações deste último são, em parte, dirigidas por socialistas de diferentes tendências, cria para os comunistas o problema tático que fora resolvido com a renúncia provisória à tática ofensiva revolucionária, que a situação torna problemática, e com a adoção de uma outra via para enfrentar a ação da classe dirigente. Essa via consiste em procurar obter uma ação comum de todas as organizações operárias para a defesa das conquistas e dos direitos atacados pelo patronato. As organizações não-comunistas não poderão opor-se a essa defesa dos interesses imediatos e quotidianos dos trabalhadores e, se o fizessem, a influência dos elementos moderados cessaria enquanto que a do partido comunista aumentaria. Realizando-se assim a ação geral do proletariado, a manutenção das posições deste último implicaria, apesar da modéstia do objetivo e do resultado, o fracasso dos planos ofensivos da burguesia, único meio, como já se disse, de que dispõe para conjurar a catástrofe de seu regime econômico. Tais são, esquematicamente, o sentido e o espírito de toda a ação e todos os projetos de ação dos partidos comunistas nestes últimos tempos [...].

....

A ofensiva burguesa na Itália desenvolveu-se de maneira clássica. A influência do proletariado atingiu seu apogeu por volta do final de 1920: em seguida a situação começou a inverter-se. Em virtude de sua confusão ideológica e da debilidade de sua organização, o partido proletário (PSI) não soubera aproveitar-se das condições objetivas favoráveis. Os governos de Nitti e Giolitti salvaram a situação, especulando habilmente a incapacidade dos reformistas que constituíam a direita do PSI e dirigindo a Confederação do Trabalho. Enquanto a burguesia era encorajada e enquanto surgia o movimento fascista, os fracassos e as decepções desmoralizaram o proletariado.

....

Fonte: STEFANO MERLI, *Autodifese di militante operai e democratici italiani davanti ai tribunali*, Milão, 1958, pp. 161-174.

JULGAMENTO DOS CONTEMPORÂNEOS

"A Marcha sobre Roma surpreendeu-me em Paris", escreve Salvemini no início de suas *Memórias*. "...Escrevi a Ernesto Rossi que Mussolini era preferível a D'Annunzio: poder-se-ia esperar que ele acumulasse tantos erros que o retorno à velha ordem seria rapidamente inevitável..." Essa espécie de otimismo transparece mais ou menos em todos os comentários dos contemporâneos. Quantos poderiam de fato imaginar que o fascismo duraria vinte anos?

"A marcha sobre Roma será, sobretudo, uma corrida aos cargos públicos!"

La Sentinelle (La Chaux-de-Fonds), 25/10/1922.

"...Por querer semear a desordem num velho país civilizado e profundamente patriota, os exaltados da revo'ução social chegaram apenas a um único resultado: coligar, contra o socialismo, todo o corpo da nação."

Le Petit Parisien, 28/10/1922.

"... o próprio Fascismo é um partido viciado como os precedentes no espírito revolucionário."

L'Action française, 28/10/1922.

"Esse governo, anti-Soviete, só pode ser concebido como uma ditadura."

Jacques Bainville, in *La Liberté*, 30/10/1922.

"O fascismo nasceu para combater o socialismo... Inicialmente saudado como uma libertação, tornou-se uma tirania. Sua história é um exemplo instrutivo dos perigos dos métodos 'extralegais' em política".

The Times, 30/10/1922.

"[Os fascistas] ameaçam considerar os tratados que os ligam às outras nações como pedaços de papel."

Chicago Daily News, 3/10/1922.

"O senhor Mussolini pertence à nova escola que sabe, melhor que o povo, o que o povo deseja... É a escola em que Lênin e Tróstski ocupam o primeiro lugar e De Valera é um aluno aplicado."

The Manchester Guardian, 30/10/1922.

"O mau exemplo do bolchevismo não teve na Itália a influência que muitos receavam."

Kansas City Time, 31/10/1922.

"É uma revolução moralizante e reconstrutora que pretende mudar o sistema 'pegando pelo cangote a miserável classe política dominante', isto é, os políticos de ofício..."

Acción (Madri), 31/10/1922.

"O golpe de Estado fascista triunfou porque era favorecido pela simpatia, pelo assentimento prévio de uma porção considerável da opinião pública."

Léon Blum, in *Le Populaire,* 31/10/1922.

"O senhor Mussolini, Primeiro-Ministro, desce a encosta da noite... o fascismo acabou."

Georges Ponsot, in *L'Ere Nouvelle,* 31/10/1922.

"...ministério de reação no interior e de aventura no exterior..."

L'Humanité, 1/11/1922.

"Estaríamos enganados se olhássemos o fascismo como um movimento reacionário somente porque se levantou contra o socialismo internacional. Já se lançaram as pontes entre ele e o proletariado. Mussolini, sem dúvida, pensa, no momento, que o socialismo, solidamente estabelecido no terreno nacional, será a forma consistente e fecunda da democracia de amanhã."

Jules Galtier, in *Le Temps,* 1/11/1922.

"A ordem reina, perfeita e por si mesma... O método é bom e encontra o consentimento unânime."

L'Intransigeant, 7/11/1922.

"Mussolini desejaria despovoar a Itália para poder dominá-la melhor..."

Unión (Buenos Aires), 10/11/1922.

"...Um episódio, sem dúvida sensacional, da vida parlamentar de um país que atravessa uma crise desesperada... uma crise ministerial um pouco movimentada..."

Umberto Terracini, in *La Correspondance internationale,* 15/11/1922.

PROBLEMAS E QUERELAS DE INTERPRETAÇÃO

1. As interpretações do Fascismo.
2. Crítica ou defesa do *Risorgimento*?
3. Mussolini recebeu ajuda financeira dos socialistas franceses?
4. O financiamento do fascismo.
5. As responsabilidades das classes dirigentes. Um exemplo: Bonomi e o fascismo.
6. A ocupação das fábricas, oportunidade perdida?
7. Fascismo e Nazismo.
8. O inconsciente é fascista?

I. As interpretações do Fascismo [1]

A antologia publicada por C. Casucci, *Il Fascismo. Antologia di scritti critici* (Bolonha, 1961), permite fazer um balanço bastante completo das interpretações do fascismo propostas na Itália.

---

1. Tomo a liberdade de remetê-los a meu artigo: "A noção do fascismo. Notas sobre alguns livros recentes", *Partisans*, set.-out. 1962, pp. 150-168.

Revolução das classes médias?

A primeira "massa de manobra" do fascismo foi constituída por pequenos-burgueses, entre os quais um número considerável de oficiais desmobilizados. L. Salvatorelli (*Nazionalfascismo,* Turim, 1923) foi um dos primeiros a salientar o fascínio que o fascismo exercia sobre uma pequena burguesia nutrida pela "retórica": antiproletário, o fascismo não deixou de se entregar a declarações "contra a plutocracia, a burguesia, as classes dirigentes... O fascismo representa pois a luta de classes da pequena burguesia, que se enquadra entre o capitalismo e o proletariado, como um terceiro entre dois litigantes". Analisando o panfleto de Salvatorelli (Cf. *Il Lavoro,* de Gênova, 3/6/1923), G. Ansaldo, por sua vez, observa: pequena burguesia, certamente, mas de modo algum "humanista" como o pretende Salvatorelli; trata-se de uma pequena burguesia que se desenvolveu dentro do quadro da sociedade industrial: "No retardado desenvolvimento econômico de nosso país, o capitalismo e os fenômenos colaterais assumem, também, um caráter artificial e retórico". Portanto, pequena burguesia, retórica e mesmo o gosto pelo esporte, manifestam-se, para alguns — Salvatorelli, Ansaldo, Croce, Fortunato e até Gobetti — como componentes essenciais do fascismo.

O Fascismo, burocracia

G. Salvemini e seu discípulo C. Rosselli tendem, inversamente, a definir o fascismo como a política de uma burocracia que vem substituir as velhas classes dirigentes. "Os capitalistas — constata Salvemini — perderam o controle financeiro da máquina... [O fascismo] tornou-se uma força independente." Assim, o fascismo torna-se incapaz de realizar até mesmo seus objetivos e resolver as contradições da sociedade capitalista, e apresenta-se como uma solução vazia de conteúdo. De fato, a crítica do fascismo redunda numa crítica da burocracia: é como burocracia que o fascismo fracassa.

Procedendo de outros postulados, B. Rizzi (*La Bureaucratisation du Monde,* Paris, 1939) inclina-se igualmente a integrar o fascismo nesse "coletivismo burocrático" que a burocracia stalinista, o *New Deal* de Roosevelt ou a Frente Popular ilustram a títulos diversos. Através do controle do Estado sobre os instrumentos de produção, a classe burocrática tornar-se-ia a verdadeira classe dominante. Considerando-se que o fascismo nunca chegou a efetuar tal controle, parece-nos que o elemento comum aos diversos fenômenos estudados por Rizzi é, antes de tudo, a integração da força de trabalho (do proletariado) no organismo estatal: o que o corporativismo, efetivamente, procurou pôr em prática.

Fascismo e grande capital

Socialistas, comunistas e anarquistas estão de acordo quanto à observação de que o fascismo é "um produto cujos germes fermentam em todos os Estados capitalistas" (Turati). Contudo, é necessário que se explique essa forma "particular, específica" de reação (Togliatti). Afirmar que todo capitalismo esteja destinado ao fascismo ou ainda que seja suscetível de descambar no fascismo, é, na realidade, nada dizer. F. Sternberg demonstrou muito bem, a propósito do nazismo — e a análise também é válida para o fascismo — que o capitalismo alemão "constituía o membro mais fraco da família dos grandes Estados capitalistas" (Cf. *Le conflit du siècle*, trad. fr., Paris, 1958). De fato, tudo se passa como se a ruptura, também aqui, se realizasse nesse ponto que Lênin denomina "o elo mais fraco" da cadeia dos Estados capitalistas. Confirmação indireta dessa posição: a Itália dos anos 1919--1922, e depois a Alemanha dos anos 30, formam, sem dúvida alguma, os dois países da Europa mais próximos da revolução. De onde se conclui que é importante, também aqui, sair dos limites nacionais, recolocar, no caso, o capital italiano no quadro do mercado mundial, o movimento operário nas grandes correntes revolucionárias do pós-guerra.

... e o lugar do fascismo na história italiana

"O que é em nossa História um parêntese de vinte anos?", perguntava-se Croce em 1944, exprimindo assim muito bem o ponto de vista do liberalismo (freqüentemente passivo, quando não cúmplice) frente à "enorme perda de tempo" — expressão de Turati, em 1922 — que representara o fascismo. Reduzindo o fascismo a algumas extravagâncias — o "passo romano", a saudação fascista, o deperecimento das fórmulas de cortesia — ou a um *"morbus* moral", ao "Anticristo que está em nós", até mesmo ao "mau caráter" que leva uns a endossar a camisa negra, outros a praticar esportes (Cf. *Quaderni della "Critica",* jul. 1947), Croce manifestamente esforçou-se tanto para minimizar a importância do fenômeno como para esvaziá-lo de significação: incompreensão teórica? Talvez. Mas é necessário levar em conta também as responsabilidades das classes dirigentes na ascensão do fascismo (Cf. sobre esse assunto R. Zangrandi, *Il lungo viaggio attraverso il fascismo,* Milão, 1962) e da preocupação em retornar à antiga ordem da Itália pré-fascista. A tese do fascismo como parêntese exprime, em suma, muito bem, os interesses dos velhos grupos liberais.

Revelação, descoberta das lacunas e das contradições da história anterior, o fascismo mostra-se, ao contrário, para Gobetti como uma autêntica "autobiografia da nação" (Cf. P. Gobetti, *La rivoluzione liberale. Saggio sulla lotta politica in Italia,* Introd. de G. De Caro, 3. ed. Turim, 1964). Mussolini — observa Gobetti — conseguiu apenas generalizar na Itália inteira o sistema de pauladas inaugurado por Giolitti no *Mezzogiorno.* Mais geralmente, e essa será a ocasião de uma verdadeira volta à formação da Unidade italiana, o fascismo aparece "ligado a todas as falhas de nossa formação". Posição que coteja — ou anuncia — algumas análises de inspiração marxista: do *Risorgimento* de Gramsci (Turim, 1949) aos trabalhos do Congresso de estudos gramscianos sobre a Unidade italiana (*Problemi dell'Unità d'Italia,* Roma, 1962). Mas que procede de outros postulados: o projeto de Gobetti não é, como se acreditou, propor uma revolução democrática realizada por uma aliança do proletariado e do campesinato pobre, mas, simplesmente — como o assinala De Caro — um "programa reformista de nível elevado", visando, com o apoio e, se possível, o consentimento do proletariado, a uma modernização do capitalismo italiano. Perspectiva, portanto, de um neoliberalismo, — de um liberalismo de esquerda.

Parêntese ou revelação, o fascismo parece, em ambos os casos, provocar uma ruptura na temporalidade, introduzir uma outra duração. A própria investigação dos antecedentes, em Gobetti ou, ainda mais, na alucinante *Antistoria d'Italia* de F. Cusin (Turim, 1948), tende sempre, mais ou menos, a atribuir-se um tempo descontínuo. Tudo corre como se o fascismo, na longa duração da história italiana, introduzisse, repentinamente, uma história de curta duração. Essa é evidentemente uma espécie de tradução do sentimento de crise que os contemporâneos provavelmente experimentaram diante do novo regime. Mas, para quem deseja efetivamente recolocar o fascismo no conjunto da história italiana, ao menos a partir da Unidade, e, *a fortiori,* na história da Europa e do mundo, é evidente que, se a explicação "parentesista" é completamente insuficiente, se não ridícula, a posição "reveladora" mostra-se igualmente incapaz de articular a história do *Ventennio* com o resto da história italiana. A revelação, se quisermos, inspira-se em um modelo muito menos dialético que aristotélico: o modelo da passagem do possível ao real, do virtual ao atual. Falta-lhe a descrição ou a análise desse trabalho que permite ao oprimido manifestar-se. Daí a importância de alguns trabalhos: F. Chabod (*L'Italia contemporanea (1918-1948),* Turim, 1961), G. Perticone *L' Italia contemporanea dal 1871 al 1948,* Milão, 1962), que se esforçam, com maior ou menor felicidade, em fazer do fascismo um momento de uma história mais ampla, manifestando, como assinala E. Fasano Guarini, "uma fundamental continuidade social" (*Annales E.S.C.,* I, 1964).

II. Crítica ou defesa do Risorgimento?

O antifascismo — observa Gobetti, em 1924 — nutrir-se-á do historicismo: "Nossa geração será ... uma geração de historiadores". À falsa consciência, ao anti-historicismo — que são próprios da ideologia fascista — vão se opor o embasamento histórico, a elaboração de uma consciência historicista. Daí, essas reflexões — "A herança do *Risorgimento*" (*La Rivo-*

luzione liberale, ed. cit., pp. 7-37) e, principalmente, o admirável *Risorgimento senza eroi* (Turim, 1926, póstumo) —, esse esforço em enquadrar o aparente parêntese do fascismo na continuidade da história italiana, a partir da Unidade.

Bastante curiosamente, Gobetti liga-se aqui a uma tradição que pensadores ou jornalistas, Oriani ou Missiroli, desenvolveram e aos quais se filiará o fascismo ou que unificarão o fascismo, — tradição que, contudo, remonta, como o observa Gramsci, a *La Réforme intellectuelle et morale* de Renan. A debilidade essencial do Estado italiano consistiria precisamente no fato de que a Itália, não tendo conhecido a Reforma, teria sido incapaz de ultrapassar a "idéia católica" e de criar um Estado moderno, "compreendido como Estado Ético" (M. Missiroli, *La Monarchia Socialista,* Bolonha, 1914). Consciente de que tal esquema comporta insuficiências, Gobetti — pelo que não parece absolutamente ter lido Weber — insistirá mais nas fraquezas estruturais da burguesia italiana.

A revisão do Risorgimento...

O *Risorgimento* se lhe apresenta portanto como a obra de uma minoria — uma burguesia antes parasitária que produtora — que foi incapaz de "construir uma unidade que fosse a unidade do povo". A falta de participação das massas populares e a debilidade efetiva da burguesia deixaram a obra inacabada. A essa revolução dos "heróis", o jovem liberal opõe a dos "heréticos". Nesse mesmo esquema, Gramsci e seus sucessores integrarão o tema da *mancata rivoluzione agraria*: diferentemente dos jacobinos franceses, os homens do Partido da Ação (Mazzini, Garibaldi, Pisacane), abandonando a direção do movimento para os moderados (Cavour, por exemplo), não teriam realizado uma reforma agrária indispensável. O *Risorgimento* teria sido assim apenas uma "revolução passiva". De onde o atraso do desenvolvimento econômico e o retrocesso das estruturas italianas.

Essa crítica do *Risorgimento* que, como o demonstrou de forma excelente C. Pavone, estará no centro das "idéias" da Resistência italiana (C. Pavone, Le idee della Resistenza, *Passato e Presente*, jan.-fev. 1959, pp. 850-918), visa igualmente a objetivos mais imediatos. Além de "a Itália de fato", o fascismo pretende ser — nessa linguagem em que G. Volpe coincide com Maurras — a ressurreição de "Itália de direito". A "revolução fascista", proclama Gentile (*Origini e dottrina del fascismo*, Roma, 1929), é "idealista" e "mazziniana", "antimaterialista"; é um "segundo *Risorgimento*". E, bastante curiosamente, de Gobetti a Gramsci, concorda-se prontamente em abandonar o *Risorgimento* aos que o reivindicam. "A revolução antifascista — escreve ainda Togliatti em 1931 — poderá ser apenas uma revolução *contra o Risorgimento*,... contra a solução que ele trouxe ao problema da unidade do Estado e a todos os problemas da vida nacional" (in *Lo Stato Operaio,* set. 1931): fórmula que leva, evidentemente, a marca do sectarismo (formal) do "terceiro período" da Internacional Comunista.

... e seus pressupostos políticos

Por detrás desse abandono dos valores do *Risorgimento* — valores reivindicados ainda pelos liberais como Croce ou como A. Omodeo (*Difesa del Risorgimento,* Turim, 1951: coletânea de artigos escritos entre 1926 e 1945) — encontra-se, tanto em Gobetti como nos comunistas, uma certa concepção do papel da classe operária. Para Gobetti, que assiste, surpreso, à ascensão da grande indústria de Turim, "é necessário esperar pelo movimento operário para que haja, na Itália, iniciativas autônomas das massas populares, que possam levar a revolução liberal a suas últimas conseqüências". Tese que pode parecer revolucionária, mas que de fato tende — G. De Caro sublinha-o com propriedade — a efetivar, na Itália, ao contrário do fascismo, o nível mais alto de desenvolvimento capitalista, integrando, sem coerção, o proletariado à sociedade global. Interpretado aqui a partir de uma perspectiva "neocapitalista", o "valor nacional" do proletariado está igualmente no centro das análises de Gramsci e de seus sucessores. Em Gramsci, de fato, pondo de lado a influência de Gobetti, a crítica do *Risorgimento* acompanha uma estratégia política fundada — a partir dos anos 1924 — na aliança do proletariado do Norte e do campesinato pobre do Sul, e, mais especificamente, na "função nacional" do proletariado, na definição do proletariado como "classe nacional". Perspectiva que tende igualmente a diluir os objetivos de classe nos objetivos "nacionais" ou "populares".

A polêmica atual

Risorgimento e capitalismo, de R. Romeo (Bari, 1959), critica em Gramsci o fato de projetar suas preocupações políticas do momento sobre o período do *Risorgimento* e de não reconhecer que uma revolução agrária seria impossível na Itália do século XIX. Gramsci teria sido vítima da utilização do modelo da Revolução Francesa, evidentemente mais democrática, mas menos eficaz que a "via prussiana" (Lênin). De fato, e isso é o essencial da tese de Romeo, longe de frear o desenvolvimento, a grande propriedade teria, pelo contrário, favorecido a acumulação primitiva do capital na Itália.

Dizer que Gramsci tenha sido incapaz de adotar a atitude serena que convém, digamos assim, ao historiador, é uma acusação frágil: e qual o historiador, aliás, que pode isentar-se disso? Os trabalhos de F. Della Peruta, *I democratici e la rivoluzione italiana* (Milão, 1958) e de G. Berti, *I democratici e l'iniziativa meridionale nel Risorgimento* (Milão, 1962) demonstraram muito bem, contudo, a importância da questão agrária para alguns democratas dos anos 1860, — sinal de que o problema da reforma agrária já se colocava, ainda que seja fácil, *ex post facto,* proclamar sua impossibilidade. A presença da Revolução Francesa no próprio *Risorgimento* é, aliás, esclarecida no artigo de A. Soboul, *Risorgimento* e revolução burguesa (*La Pensée,* jan.-fev. 1961).

Quanto ao ponto crucial, os sucessores de Gramsci concordam em acusar Romeo de ignorar efetivamente o que é a acumulação primitiva do capital: cf. me particular L. Cafagana, Il saggio di R. R. Romeo su *Risorgimento e capitalismo* (*Cultura Moderna,* abr. 1959), R. Zangheri, La mancata rivoluzione agraria nel Risorgimento e i problemi economici dell'Unità (in *Studi Gramsciani,* Roma, 1958) e, mais recentemente, *Problemi dell'Unità d'Italia* (Roma, 1962); ponto de vista retomado por J.M. Cammett em seu *Antonio Gramsci and the Origins of Italian Communism* (Stanford, 1967). Mais articulado, o artigo de A. Gerschenkron, Rosario Romelo e l'accumulazione primitiva del capitale (*Rivista Storica Italiana,* dez. 1959), tende, ao contrário, a demonstrar que não se pode aplicar à Itália o conceito de acumulação primitiva. Romeo efetivamente teria descrito, não a acumulação primitiva definida por Marx, mas uma série de "substitutos" que teriam ocorrido.

III. Mussolini recebeu ajuda financeira dos socialistas franceses?

Excetuando-se algumas biografias oficiais do período fascista, todos os historiadores concordam em reconhecer que o *Popolo d'Italia* foi, se não "lançado", pelo menos vigorosamente mantido por fundos provenientes do Governo francês [2]. O montante das somas que Mussolini possa ter recebido tem um interesse insignificante; a principal preocupação é estabelecer a maneira pela qual Mussolini pôde apossar-se desses fundos.

Guesde ou Sembat?

Para Cesare Rossi (*Mussolini com'era,* Roma, 1947, pp. 71-72), o dinheiro teria sido enviado a Mussolini pelo ministro sem pasta, e socialista, Marcel Sembat. As outras fontes — H. Torrès, M. Rocca, A. De Ambris, L. Campolonghi — em compensação, citam o nome de J. Guesde. Um testemunho particularmente importante é, evidentemente, uma publicação do Instituto Superior Operário: *Le fascisme en Italie* (*Cours de l'Institut supérieur ouvrier,* 1933-34), prefácio de Léon Jouhaux, Paris, 1934, p. 13, onde se lê: "Não há dúvida de que o *Popolo d'Italia* foi

---

2. E. SERRA, L'oro inglese e Mussolini, *Il Mondo*, 18/2/1955, acredita que Mussolini tenha igualmente recebido ajuda do governo britânico.

fundado com um subsídio de origem francesa que lhe foi entregue por Dumas, Secretário de Guesde, então Ministro de Estado. A primeira importância foi de 15 000 francos, seguida de importâncias mensais de 10 000 francos". Números e nomes são os mesmos que os citados em março de 1925 por Henri Torrès num discurso diante dos tribunais, depois em *Guerra di classe,* invocando documentos que teriam estado em seu poder. A assinatura de Jouhaux, juntando-se à de Torrès, pode ter algum peso no caso. Tanto mais que Jouhaux, não nos esqueçamos, também realizara uma "missão" em Milão em fevereiro de 1915...

A missão de Cachin

Um nome é citado com mais freqüência que o de Dumas: o de Marcel Cachin, enviado para uma missão na Itália durante o último trimestre do ano de 1914. Aqui, um primeiro testemunho, o de Serrati no Congresso de Livorno em janeiro de 1921: "Durante nosso período de neutralidade, Cachin veio à Itália para incitar-nos a acompanhar a França na Guerra. Nós, polidamente, o expulsamos do *Avanti!,* como expulsáramos seu companheiro Albert Thomas. Esteve também no *Corriere della sera"* etc. (*XVII Congresso Nazionale del P.S.I. — Livorno, 1921,* resumo estenografado, Milão, 1962, p. 308)[3]. Aliás, Serrati deveria retomar muitas vezes esse ponto e, em particular, sob o título Le missioni di Cachin, no *Avanti!* de 16 de março de 1922. Antes mesmo desses ataques de Serrati, a "Delegação para o estrangeiro" do Partido Social Democrata russo (menchevique) lembrara essa primeira missão de Cachin quando, em 1917, este se preparava para partir para a Rússia a fim de encorajar Kerenski a prosseguir na guerra: "Quanto ao cidadão Cachin, lembraremos aos camaradas russos que ele já cumpriu uma missão análoga na Itália, tentando paralisar a ação gloriosa dos socialistas italianos no momento em que os nacionalistas obstinavam-se em levar

---

3. Deve-se observar que, já em 1920, Serrati evocara — na presença de Lênin, em Moscou, — as "missões" de Cachin.

seu povo para a disputa sangrenta" (citado em A. Kriegel, *Aux origines du communisme français,* Paris, 1964, I, p. 164, nota 1).

Alfred Rosmer (*Le mouvement ouvrier pendant la guerre,* Paris, 1936, pp. 327-333) e Gaetano Salvemini (*Mussolini diplomate,* Paris, 1932, pp. 19-21 e *Scritti sul fascismo,* I, Milão, 1961, pp. 9 e 386-391) insistiram particularmente sobre o conluio entre Mussolini e Cachin. Entre as fontes citadas, pode-se reter, como anteriormente no caso de Jouhaux, o testemunho dos que tiveram motivos suficientes para saber o que realmente acontecia: Renaudel e Paul Faure. "Vários entre nós estão lembrados de que os primeiros números do *Popolo d'Italia* foram publicados com ajuda financeira francesa, escrevia Renaudel no *Quotidien* de 9 de novembro de 1926. Marcel Cachin conhece todos esses fatos, embora não goste de que se fale deles." E Paul Faure, in *Le Populaire,* de 9 de janeiro de 1928: "Um dia, Jules Guesde, então Ministro do Estado, disse-me confidencialmente que tínhamos um homem: Mussolini; havíamos lhe enviado uma primeira contribuição de 100 000 francos para lançar seu jornal. Não posso precisar quem efetivamente levou o dinheiro, mas Cachin, se quiser, poderá informar os leitores da *Humanité;* ele foi então à Itália avistar-se com Mussolini por conta do Governo francês". Como observa Salvemini, que cita ainda outras fontes, jamais houve desmentido por parte de Mussolini ou de Cachin.

Data da missão

Comovido com o que se atribuiu (acreditava ele) à memória do "grande militante desaparecido", Moissonnier procurou dar uma versão oficial da missão de Cachin: "Quando Marcel Cachin, enviado por Jules Guesde, encontrou-se efetivamente com o futuro Duce, então desertor do Partido Socialista Italiano, em março de 1915, em Milão, o *Popolo d'Italia* já existia desde 15 de novembro de 1914, ou seja, há cinco meses". ("Autour du fascisme italien", *La Nouvelle Critique,* nº 149, set.-out. 1963, pp. 145-149). Contudo, nenhum documento vem apoiar essa tese [4]. Sem acompanhar toda a demonstração de G. Pontremoli que acredita que Mussolini tenha tido um primeiro encontro com Cachin em 19 de outubro de 1914 (Un giornale e qualche uomo, *Il Mondo,* 25/3/1950), pode-se contudo recordar, com R. De Felice, que existem vestígios que ao menos permitem datar de dezembro de 1914 a viagem de Cachin à Itália (*Mussolini il rivoluzionario,* Turim, 1965, pp. 263-264, nota). Rosmer, por sua vez, estabelece (*loc cit.,* p. 330) que os primeiros artigos de Cachin, nutridos por uma experiência italiana recente, surgem no *Humanité* a partir de 22 de dezembro, isto é, pouco mais de um mês após a fundação do *Popolo d'Italia...*

Coloca-se, enfim, uma última questão: em 12 e 13 de novembro, Mussolini, acompanhado por seu financiador italiano Filippo Naldi, diretor do *Resto del Carlino* e por Mario Girardon, correspondente desse jornal em Paris, ter-se-ia — segundo De Felice (*loc. cit.,* p. 276) — encontrado em Genebra com "homens políticos da frente aliada". De quem se trata?

IV. O financiamento do Fascismo

O grande mérito de Daniel Guérin fora o de levantar em sua época, no primeiro capítulo de *Fascisme et grand capital* (Paris, 1936), o problema dos "financiadores" do fascismo. Renzo De Felice hoje o aborda, munida de número: Primi elementi sul finanziamento del fascismo dalle origini al 1924, *Rivista Storica del Socialismo,* VII, 22, maio-ago. 1964, pp. 223-251. Quais foram os recursos do fascismo duran-

---

4. A. C. KORNEEV, "Iz istorii odnogo zagovora (Delo Mussolini-Gedenstrom)" [Da história de uma conspiração (O caso Mussolini-Gedenstrom)], *Istoriceskij arkhiv,* n.º 5, 1962, retomado parcialmente em *Rinascita,* n.ºs 6 e 7, de 9 e 16 fev. 1963, sob o título "I rubli dello zar a Benito Mussolini" trata dos trâmites empreendidos por Mussolini junto ao agente tzarista Gedenstrom com o fim de obter os fundos necessários para o ataque que alguns intervencionistas de esquerda se propunham a realizar contra um quartel austríaco para criar um *casus belli.* Como se trata aqui de ouro e de agente tzaristas, não se hesita evidentemente em publicar documentos...

te os anos de ascensão [5]? Como os conseguia? O exame dos arquivos do Ministério do Interior italiano demonstra a princípio que, após algumas tentativas mais ou menos bem sucedidas, o fascismo recorreu, a partir do verão de 1921, a um sistema de subscrições e de taxas extremamente moderno e bem organizado, que, a despeito de suas divisões e rivalidades internas, permitiu-lhe ser alimentado bastante regularmente.

Contudo, o estudo do financiamento permite distinguir três, se não quatro fases. No decorrer do primeiro período, de 23 de março de 1919 até o verão de 1921, esse financiamento permanece muito restrito: o fascismo mostra-se ainda "subversivo" para alguns e, é necessário lembrar, sem haver saído das cidades. Com o verão de 1921, quando começa a vigorar o novo sistema de adiantamentos, quando o fascismo se manifesta como uma força nacional, os fundos começam a afluir, para diminuir em 1922 até a marcha sobre Roma: "*O perigo bolchevique* — observa o autor — estava então afastado e as coisas estavam em vias de normalização" (p. 242); a isso deve-se acrescentar, como já o demonstrou Salvemini [6], que em 1922 o capitalismo italiano começava a superar a crise do pósguerra. A marcha sobre Roma, enfim, e a chegada de Mussolini ao poder marcarão "uma retomada maciça das subvenções" (*ibid.*): de 447 200 liras em outubro-dezembro de 1921 e de 1 247 025 liras de janeiro a outubro de 1922, as subvenções das sociedades industriais e comerciais elevar-se-ão a 4 125 750 liras de novembro de 1922 a dezembro de 1924, o que representa um sensível aumento (perto de 20% ao ano).

Entre as conclusões que Renzo De Felice tira de sua análise, reter-se-ão principalmente estas: "O financiamento dos *fasci* foi essencialmente um fenômeno de classe, sobre o qual os outros fenômenos não tiveram nenhuma influência notável" (*loc. cit*) e — conclusão que é, segundo nosso ponto de vista, mais importante — se a maior parte dos fundos foi fornecida pelos

---

5. É legítimo que se conduza essa pesquisa até dezembro de 1924, já que o fascismo só se estabiliza verdadeiramente depois da "crise Matteotti".

6. GAETANO SALVEMINI, *Scritti sul fascismo*, Feltrinelli, Milão, 1961.

industriais e pelos grandes proprietários fundiários, não se poderia falar, quanto aos industriais, de uma "atividade pró-fascista intensa" visando conscientemente levar Mussolini ao poder: prova disto seria o tardio aparecimento da *Confindustria* e da Associação das sociedades por ações, para as eleições de 1924. O exame geográfico do financiamento, enfim, permite a verificação do que já se conhecia no plano político: as dificuldades do fascismo em penetrar no Sul da Itália.

Paolo Spriano na *Unità* (6/10/1964) e Giordano Sivini na *Rivista Storica del Socialismo* (VII, 23, set.-dez. 1964, pp. 627-630) contestaram alguns dos resultados de De Felice: os números estão longe de representar a totalidade das contribuições financeiras do movimento fascista, pois nelas não figuram os "subscritores" principais, bancos e grandes industriais, nem as subvenções recebidas pelo *Popolo d'Italia*. Além disso, como o reconhece o próprio De Felice (*R.S.S.*, VII, 23, pp. 630-632) as arrecadações excepcionais dos dias da "marcha sobre Roma" não foram consideradas. Entre estas, as 3 500 000 liras com que o Grande Oriente teria, segundo Berneri, contribuído para o financiamento da "marcha" (Cf. Camillo Berneri, La Massoneria e il fascismo [1939], *Umanità Nuova*, XLIII, 4, 27/1/1963). De resto, é certo que, como o demonstrou Ernesto Rossi (especialmente em *I padroni del vapore*, Bari, 1955), os industriais e os proprietários agrários italianos manifestaram plenamente seu reconhecimento ao fascismo apenas quando este já se encontrava definitivamente estabelecido.

V. As responsabilidades das Classes Dirigentes. Um exemplo: Bonomi e o Fascismo

Os primeiros rumores concernentes ao apoio oferecido ao desenvolvimento dos *Fasci* por Ivanoe Bonomi, Ministro da Guerra do governo de Giolitti, começaram a circular a partir de 1921. Giuseppe De Falco (*Il fascismo milizia di classe,* Bolonha, 1921, p. 26) falou então sobre uma circular do Estado-Maior datada de 21 de outubro de 1920 (trata-se, na realidade, de 24 de setembro) convocando o apoio aos

Fasci. Foi apenas em 1924 que Bonomi preocupou-se em desmentir esses rumores, por ocasião da publicação de seu livro *Dieci anni di politica italiana* (Milão, 1924). Segundo a introdução da obra (Ferruccio Rubiani, "Il pensiero e l'azione di Ivanoe Bonomi"), tudo não passara de um mal-entendido: um general que interpretara erroneamente uma circular que apenas pedia informações sobre os *Fasci*. Uma outra circular, de Badoglio, chefe do Estado-Maior, em 23 de outubro de 1920, viria aliás colocar um ponto final ao caso. Como alguns comentadores — e Gobetti, singularmente — acentuassem o que essa justificação tardia tinha de contraditório, Bonomi respondia — desta vez diretamente — na *Azione* de Roma, em 9 de março de 1924. Gobetti voltava então à questão na *Rivoluzione liberale* (Turim) em 18 de março: "Bonomi exige de nós uma estupidez excessiva..."

Os documentos publicados por Roberto Vivarelli (Bonomi e il fascismo in alcuni documenti inediti, *Rivista Storica Italiana,* LXXII° a., n° 1, mar. 1960, pp. 147-157) demonstram que os "rumores" de 1921 não estavam completamente desprovidos de fundamento. A circular de 24 de setembro de 1920 constata, com efeito, que os *Fasci* "podem ser considerados de agora em diante como forças vivas que eventualmente se opõem aos elementos antinacionais e subversivos. Parece pois oportuno — prossegue o texto — ... manter contacto com eles, seguindo de perto suas atividades e, levando-as eventualmente, em consideração..." etc. O julgamento extremamente favorável aos *Fasci* que essa primeira circular contém mostra-se tacitamente confirmada pela de 23 de outubro, destinada contudo a restabelecer a interpretação da primeira que visava, diz o texto, "obter, por meio de contactos prudentes, informações seguras sobre a atividade dos *Fasci*". Uma outra circular, de 1° de outubro de 1920, até então completamente desconhecida, do comando da 23ª Divisão de Infantaria de Chieti, retoma palavra por palavra a estimativa dos *Fasci* como "forças vivas" e solicita o emprego, para informar-se sobre suas atividades, "de fiduciários, escolhidos entre antigos oficiais, e que fossem filiados aos próprios *Fasci*". Se, por fim, nos reportarmos às notas inéditas de Bonomi, escritas provavelmente durante o verão de 1921, constataremos que o antigo Ministro da Guerra apenas lamenta que a imprensa tenha tomado conhecimento das duas circulares incriminadas. Como observa R. Vivarelli, nenhuma sanção foi determinada contra os militares excessivamente zelosos.

VI. A ocupação das fábricas, oportunidade perdida?

Até uma época bastante recente, comunistas e anarquistas estiveram de acordo em julgar a ocupação das fábricas em 1920 como a grande oportunidade perdida do pós-guerra italiano: oportunidade perdida — é preciso ser mais explícito? — por culpa dos reformistas. Foi esse, aliás, um dos principais argumentos invocados no momento da cisão de Livorno e, exceto algumas épocas "unitárias", os comunistas nunca abandonaram essa tese [7].

Um livro recente de Paolo Spriano (*L'Occupazione delle fabbriche — settembre 1920,* Turim, 1964) se esforça, ao contrário, em mostrar que o movimento de 1920 testemunhou mais "insuficiências", "vícios", "atrasos" do socialismo italiano — fórmulas que podemos, para dizer a verdade, empregar *a posteriori* para todo movimento fracassado — que "suas virtudes, seu impulso, seus *trunfos* revolucionários". O governo — observa o autor — nunca perdeu o controle da situação e, principalmente, quando os reformistas optaram pelo compromisso, "as massas não tiveram, na escala nacional, força para opor-se".

É esse, parece-nos, o argumento mais sério. Remete-nos implicitamente a posições simétricas: 1º) por falta de organização revolucionária, o proletariado não pôde se expressar: é a posição comunista tradicional, que julga a oportunidade perdida e justifica a cisão de Livorno, posição afastada pelo autor; 2º) inversamente, é a espontaneidade revolucionária que deveria, em última instância, decidir: tese que oscila entre Bakunine

---

7. É evidentemente como o reflexo de um período "unitário" — o das Frentes únicas — que se deve entender a fórmula de Zinoviev: "Em setembro de 1920, o momento histórico já havia passado" (em *L'Internationale Communiste au travail,* Paris, 1923, p. 138).

e Rosa Luxemburgo, e consegue, em grau maior ou menor, demonstrar a inutilidade da organização e, portanto, da cisão de Livorno. Seremos, pois, tentados a encontrar também no livro de P. Spriano, por outro lado, bastante interessante e muito bem documentado, um testemunho do atual período "unitário" do Partido Comunista Italiano.

Colocando-se no ponto de vista do historiador econômico-político e manifestamente preocupado com perspectivas mais amplas, Carlo Vallauri ("L'atteggiamento del governo Giolitti di fronte all'occupazione delle fabbriche (settembre, 1920)", *Storia e Politica,* 1965) procura demonstrar que em 1920 a partida seria jogada, não tanto entre o proletariado e os industriais, quanto entre estes últimos e um governo prudente, acostumado com o "risco calculado" e preocupado em evitar um choque catastrófico. De fato, enquanto — exceto os anarquistas e os comunistas — as organizações do proletariado não parecem de modo algum decididas a tomar o poder, todos os esforços do grande capital, particularmente a Confindustria, tendem a provocar a eclosão do conflito e a levar o governo à falência.

Essas são — segundo o autor — as novas relações entre os bancos e a indústria pesada que estão na "origem das perturbações econômicas e políticas que caracterizam a Itália de 1920". Em face, pois, das ofertas de mediação do Governo de Giolitti e do deslizamento das organizações operárias para posições de compromisso, a atividade dos industriais visa então "obrigar" o proletariado, que responde ocupando as fábricas. É uma tese engenhosa que mostra bastante claramente como, quando seu desenvolvimento o exige, o capital consegue, muito facilmente, — com a cumplicidade objetiva dos reformistas — utilizar as iniciativas revolucionárias do proletariado para superar algumas etapas — aqui, dar um passo a mais em direção dessa integração do proletariado e desse regime fascista que haviam se tornado indispensáveis aos progressos do capital financeiro italiano. A responsabilidade dos reformistas, contudo, continua a mesma, mas procuraremos pensá-la, mais que nos termos (morais) da *traição,* nos da *falsa consciência.* Em suma, teria havido um índice menor de falsa consciência ou mistificação entre os representantes do grande capital que entre os dirigentes reformistas do proletariado.

VII. Fascismo e Nazismo

A influência de Mussolini sobre Hitler passa a ser conhecida a partir de *Mein Kampf* (1924). As relações que se travaram — antes mesmo da "marcha sobre Roma" — entre os fascistas e os nazis, da mesma forma que alguns "racistas" da Alemanha do Sul, foram amplamente exploradas: cf. por exemplo E. Anchieri, Les rapports italo-allemands pendant l'ère nazifasciste (*Revue d'Histoire de la Deuxième Guerre Mondiale*, abril, 1957), como foi estudada a maioria dos aspectos da aliança nazi-fascista: desde a obra já clássica de M. Toscano, *Le rigini del patto d'acciaio* (Florença, 1948), até a *Faschismus-Nationalsozialismus* (Brunswick, 1964) e, principalmente, F. W. Deakin, *The Brutal Friedship. Mussolini, Hitler and the Fall of Italian Fascism* (Londres, 1962). Mas o "problema dos problemas" nunca foi abordado: dadas duas formações sociais estruturalmente idênticas, onde se situam as diferenças?

Fascismo e nazismo diferem entre si: não se chegou algumas vezes a opô-los? A não ser que se recorra, dentro de uma perspectiva a-histórica, a uma "personalidade de base" (alemã ou italiana) que desse conta de tais diferenças, estas se explicam a princípio pela situação respectiva dos capitalismos italiano e alemão. Os dois países certamente realizaram sua unidade nacional na mesma época, bastante tardiamente no panorama europeu, mas já sobre bases diferentes. Conhece-se o pouco de autonomia ou de existência de que a pequena burguesia italiana então dispunha, quando a unidade alemã foi o resultado de um capital já autônomo. Capital mais forte, portanto, e que, apoiando-se em organizações sociodemocráticas, distribuindo "migalhas" maiores, integrou muito rapidamente o proletariado na sociedade global.

Portanto, primeira diferença: o nazismo realizou uma "totalidade" mais completa que a efetuada pelo fascismo. O proletariado alemão "integrou-se" muito melhor que o proletariado italiano. Ter-se-ia bastante dificuldade em encontrar na Alemanha o equivalente da incansável "conspiração operária" que a Itália de Mussolini conheceu: cf. D. Zucàro, *Cospirazione operaia* (Turim, 1965). Também nada equivalente à Resistência italiana: cf. R. Battaglia, *Storia della Resistenza italiana* (2. ed., Turim, 1964) e G. Quazza, *La Resistenza italiana. Appunti e documenti* (Turim, 1966).

Se o advento do fascismo operou-se com o apoio da classe dirigente, foi — como vimos — no final de quatro anos de guerra civil. Ao contrário, a ascensão de Hitler assemelha-se bastante a uma "via parlamentar": comparem-se as eleições italianas após a tomada do poder em 1924: fascistas: 38%; antifascistas: 25%; abstenções: 37%, após dois anos de governo fascista, e os 36,8% dos votos obtidos por Hitler desde 1932. É verdade que, a despeito da força dos partidos operários na Alemanha, Hitler não encontrou a mesma oposição que Mussolini. A política de "classe contra classe" praticada, sob a instigação de Stálin, pelos comunistas alemães favoreceu objetiva, se não intencionalmente, a chegada ao poder dos nazis. Em que medida Stálin e seus companheiros não preferiram, a uma revolução alemã que teria feito da Rússia — segundo a fórmula de Lênin — "não mais um exemplo, mas novamente um país em atraso", um Estado alemão suscetível de se voltar contra as democracias ocidentais em um desses "conflitos inter-imperialistas" de que J. Stálin se fez teórico?

Mas as diferenças são também aquelas que a experiência imediata apreende. Se o "César de Carnaval" faz rir, quem pensaria em se divertir com Hitler? O nazismo mostra-se como pura violência. Encontra-se nele efetivamente essa ascensão do irracional, esse "retorno do reprimido" que toda sociedade receia. Não é de surpreender que as primeiras tentativas de explicar — psicológica ou psicanaliticamente — o fenômeno nazi-fascista datem somente dos anos 30. Apenas o nazismo realiza plenamente essa destruição da razão descrita — bastante esquematicamente — por Lukács: *La destruction de la raison* (Paris, 1958, 2v.).

De fato, nesse nível, as diferenças são claras. É tudo o que separa a *Teoria Generale dello Spirito come Atto puro* de Gentile (Bari, 1924) de *Der Mythos des XX. Jahrhunderts* de Rosenberg (7. ed., Munique, 1933), — uma filosofia reacionária de uma ideologia, psicanaliticamente falando, "reacional".

Atinge-se neste ponto a diferença mais visível: o anti-semitismo. Anti-semita, o fascismo não o é em sua origem. Os esforços "teóricos" de um Preziosi mostram-se principalmente como exceções: cf. R. De Felice, Giovanni Preziosi e le origini del fascismo (1917-1931) (*Rivista Storica del Socialismo, V,* 17, set.-dez. 1962). Um dos personagens centrais da biografia do Duce é uma judia: Margherita Sarfatti. Mas isso é episódico e não certamente uma prova. Há coisas mais significativas: as reticências dos dirigentes fascistas, uma vez o nazismo no poder, ao adotar oficialmente o anti-semitismo: cf. sobre esse assunto a importante obra de R. De Felice, *Storia degli ebrei italiani sotto il fascismo* (Turim, 1961). A primeira legislação radical foi, de fato, adotada apenas em 1938. E esteve longe de encontrar a mesma adesão que encontrou na Alemanha.

VIII. O inconsciente é Fascista?

Excetuando-se as reflexões sobre a pequena burguesia de um L. Salvatorelli ou de um G. Ansaldo, aliás mais próximas do "moralista" que do psicólogo ou do sociólogo, a "psicologia do fascismo" só atraiu verdadeiramente a atenção — como já dissemos — após a ascensão do nazismo. Citaremos aqui, a título de curiosidade, o pequeno panfleto do trabalhista inglês L. Birch, *Why they Join the Fascists* (Londres, s.d. [1937]), que procura demonstrar como o nazismo — e o fascismo britânico de Oswald Mosley — esforçam-se, a princípio, em realizar os desejos reprimidos da pequena burguesia.

W. Reich inegavelmente escreveu, com *The Mass Psychology of Fascism* (Nova Iorque, 1946, edição aumentada por uma introdução e dois capítulos: a primeira edição, *Massenpsychologie des Faschismus*, é de

1933), o grande livro sobre a questão [8]. O fascismo, de fato, viria apenas liberar os impulsos que esperam — adormecidos? — dentro de cada um de nós. O problema do fascismo não seria portanto unicamente o de uma organização sociopolítica, mas também o da organização de nossos instintos: somente a liberação controlada da sexualidade e da combatividade evitaria que estas últimas fossem empregadas ou (como se costuma dizer) "se desrecalcassem" na agressividade fascista. Às causas econômicas do fascismo, às contradições do capitalismo se juntariam, portanto, as contradições da vida sexual, a repressão da vida amorosa dos homens. Ponto de vista confirmado pela *Psychanalyse de l'antisémitisme*, de R. Loewenstein (Paris, 1952).

Um dos interesses da tese de Reich é, sem dúvida, permitir — ao historiador ou ao sociólogo — introduzir uma distinção dentro da categoria (genérica) de totalitarismo; distinguir, se se quiser, entre stalinismo e fascismo. Enquanto, de fato, o fascismo (ou o nazismo) teria como base a liberação desordenada dos impulsos e, portanto, como o demonstra R. Loewenstein, uma verdadeira decomposição do superego, o stalinismo, pelo contrário, estabelecer-se-ia a partir do recalque desses impulsos, do reforço desse mesmo superego. Daí, efetivamente, a involução incessante da vida sexual que acompanha a instauração da burocracia stalinista, o puritanismo hoje em vigor na União Soviética e nos Partidos Comunistas [9] etc. Daí, e isso não é o menos importante, a diferença entre os dois "totalitarismos".

Numa perspectiva psiquiátrica, a obra de J. Gabel, *La fausse conscience* (Paris, 1962), parece fornecer ao historiador instrumentos muito mais maleáveis. J. Gabel demonstra, efetivamente, com propriedade como a falsa consciência é inseparável de uma degradação da temporalidade ou da historicidade: e de fato fascismo e nazismo pretender-se-ão a-históricos ("Reich de mil anos", "Terceira Roma" etc.); de uma valorização do

---

8. Sobre Reich, cf. o conjunto organizado por B. FRAENKEL "Sexualité et répression", em *Partisans*, out.-nov. 1966.

9. Puritanismo evidentemente reforçado pela posição cada vez mais importante ocupada pela pequena burguesia nesses movimentos...

espaço em detrimento da temporalidade: basta citar o gosto do fascismo pelo monumental e, particularmente, iniciativa do Duce, os trabalhos do desaterro do Forum romano que constituem perfeitamente a síntese dessa dupla busca do espacial e do eterno; de uma desdialetização da visão do mundo — e mesmo do ser-no-mundo — o fascismo não pretendeu acabar com as contradições e os antagonismos sociais? A identidade reencontrada? uma espécie de "fim da história"? A falsa consciência, inseparável do fascismo, e o próprio fascismo, mostram-se assim sujeitos à mesma análise que a esquizofrenia. Uma simples analogia? ou — trata-se efetivamente de uma homologia? — a história do fascismo é um grande livro onde o psiquiatra — também — encontra um discurso que lhe é familiar.

BIBLIOGRAFIA

I — Obras gerais sobre o período

F. CHABOD, *L'Italia contemporanea (1918-1948)*, Turim, 1961, que preferiremos à edição francesa por ser mais completa, constituindo, talvez, atualmente, a melhor introdução aos problemas do período.

G. A. CHIURCO, *Storia della rivoluzione fascista*, Florença, 1929, 5 v.

Monumental. Versão quase oficial dos fatos.

G. VOLPE, *Histoire du mouvement fasciste*, Roma, s.d.

Por um grande historiador nacionalista, uma obra de propaganda bastante medíocre.

G. PINI, F. BRESADOLA, G. GIACCHERO, *Storia del fascismo. Guerra — Rivoluzione — Impero*, 2. ed. Roma, 1938.

De Aduá à proclamação do Império: um painel da "redenção" da Itália.

R. FARINACCI, *Storia del fascismo*, Cremona, 1940.

Por um dos "hierarcas" do regime, a história dos quatro anos cruciais 1919-1922. Característica do gênero.

G. SALVEMINI, *Scritti sul fascismo*, 2. ed. Milão, 1963.

Por um grande historiador antifascista, um clássico.

L. SALVATORELLI, G. MIRA, *Storia d'Italia nel periodo fascista*, Turim, 1946.

História essencialmente política, muito próxima da crônica.

G. CAROCCI, *Storia del fascismo*, Milão, 1959.
Excelente "Que sais-je?"

E. SANTARELLI, *Storia del movimento e del regime fascista*, Roma, 1967, 2 v.
Vasto painel que se esforça em recolocar o fascismo na crise da sociedade européia entre as duas guerras. Obra importante.

D. GUERIN, *Fascisme et grand capital*, 3. ed. (1. ed. 1936), Paris, 1965.
Indispensável. Não envelheceu.

C. M. R. *Histoire du fascisme italien*. Paris, 1938. Com Tasca e Salvemini, uma das melhores obras dos exilados antifascistas.

M. GALLO, *L'Italie de Mussolini*, Paris, 1954.
Crônica ágil, bem feita.

II — Origens e advento

1. Testemunhos

Um certo número de obras consagradas ao período de 1919-1922 podem ser consideradas de agora em diante como testemunhos. Assim:

P. NENNI, *La lutte de classes en Italie*, Paris, 1930; *Six ans de guerre civile en Italie*, Paris, 1930; *Storia di quattro anni*, Roma, 1946; *Vingt ans de fascismes*, Paris, 1960.

E. LUSSU, *La Marche sur Rome... et autres lieux*, Paris, 1935.

G. VOLPE, *Guerra dopoguerra fascismo*, Veneza, 1928.

2. Estudos

A. GRAMSCI, *L'Ordine Nuovo 1919-1980*, Turim, 1955; *Socialismo e fascismo. L'Ordine Nuovo 1921-1922*. Turim, 1966, da mesma forma que P. GOBETTI, *Scritti politici*, Turim, 1960, representam pontos de partida fundamentais.

A. TASCA, *Nascita e avvento del fascismo*, Florença, 1950. Continua a ser o grande livro sobre a questão. Existe uma edição francesa: *Naissance du fascisme*, Paris, 1968.

M. FEDELI, *La nascita del fascismo*, Ivrea, 1959, mimeografado. Ponto de vista de um anarquista. Uma pequena síntese excelente.

P. ALATRI, *Le origini del fascismo*, 2. ed., Roma, 1961.
Particularmente importante no que concerne ao nacionalismo e às responsabilidades das classes dirigentes.

R. PARIS, *Histoire du fascisme en Italie. I. Des origines à la prise du pouvoir*, Paris, 1962.

R. VIVARELLI, *Il dopoguerra in Italia e l'avvento del fascismo (1918-1922): I. Dalla fine della guerra all'impresa di Fiume*, Nápoles, 1967.
As origens da Itália contemporânea.
Uma reconstrução rigorosa. Dois outros volumes anunciados. Três ciclos de lições ou seminários sobre o fascismo abordam igualmente, dentro de um prazo mais ou menos breve, o problema das origens, com exposições de N. VALERI (in *Lezioni sull'antifascismo*, Bari, 1960), P. ALATRI (in *Trent'anni di storia italiana. 1915-1945*, Turim, 1961) e L. BASSO (in *Fascismo e antifascismo. 1918-1948*, Milão, 1962).

R. COLAPIETRA, *Napoli tra dopoguerra e fascismo*, Milão, 1962; G. PERILLO, *I comunisti e la lotta di classe in Liguria negli anni 1921-22*, extraído da revista *Movimento operaio e socialista*, 1962-1963; E. SANTARELLI, *Le Marche dall'unità al fascismo*, Roma, 1964; S. SECHI, La Sardegna tra guerra e dopoguerra, *Il Movimento di Liberazione in Italia*, jul.-set. 1967, pp. 3-32, e Il movimento autonomistico e le origini del Fascismo in Sardegna (1920-1922), in *Annali della Fondazione Einaudi*, 1968, pp.1-71 (a ser publicado), oferecem exemplos de situações localmente determinadas.

G. SALVEMINI, The March on Rome, *Current History*, out. 1932, pp. 38-43; A. REPACI, Mito e realtà della marcia su Roma, *Il Movimento di Liberazione in Italia*, abr.-jul. 1960, pp. 3-41.

3. Origens ideológicas

G. GENTILE, *Origini e dottrina del fascismo*, Roma, 1929, da mesma maneira que B. MUSSOLINI, *La doctrine du fascisme*, trad. fr., Florença, 1938, 3. ed., metade devida a Gentile e, outra metade, a Missiroli, representam os grandes momentos teóricos do *Ventennio*. Mais edificantes, o *Dizionario mussoliniano: 1500 affermazioni e definizioni del Duce*, Milão, 1940: a opinião do Duce sobre todos os assuntos, em ordem alfabética, da "Accademia" a "Zara", e *La dottrina fascista ad uso delle scuole e del popolo*, Roma, s.d.: os princípios do mussolinismo.

R. DE FELICE, Giovanni Preziosi e le origini del fascismo (1917-1931), *Rivista Storica del Socialismo*, set.-dez. 1962, pp. 493-555. Sobre um problema pouco estudado.
Sobre os neo-hegelianos italianos: E. GARIN, *Cronache di filosofia italiana 1900-1943*, 2 v., Bari, 1966, 3. ed.: panorama um pouco denso, mas extremamente completo: o idealismo italiano visto de dentro. E. AGAZZI, *il giovane Croce e il marxismo*, Turim, 1962: notável. F. VALENTINI, *La controriforma della dialettica*, Roma, 1966: sobre os limites do neo-hegelianismo.

Para as origens literárias, uma das fontes mais importantes é a série de antologias de revistas entre as quais: *Il Regno*,

Lacerba, La Voce) publicada em Turim desde 1960: "La cultura italiana del'900 attraverso le riviste". Um testemunho interessante sobre esse clima intelectual: H. GIORDAN, *Romain Rolland et le mouvement florentin de "La Voce"*, Paris, 1966.

B. CRÉMIEUX, *Littérature italienne*, Paris, 1928; C. SALINARI, *Storia popolare della letteratura italiana: III. Dalla seconda metà del Settecento al Novecento*, Roma, 1962.

Esclarecem igualmente o quadro literário.

A. ASOR ROSA, *Scrittori e popolo. Saggio sulla letteratura populista in Italia*, Roma, 1965.

Um dos livros mais brilhantes publicados na Itália após o final da guerra.

I Futuristi, aos cuidados de G. Ravegnani, Milão, 1963. Pequena antologia poética.

F. T. MARINETTI, *Al di là del comunismo*, Milão, 1920: documento; *Futurismo e fascismo*, Foligno, 1924:

O problema é efetivamente tratado na obra de R. DE FELICE, *supra*.

A. PAVOLINI, Futurismo, *Vita* [Diretor J. Luchaire], 25 dez. 1919: o ponto de vista de um contemporâneo.

M. CANCOGNI, *Storia dello squadrismo*, Milão, 1959, contém algumas páginas vivas sobre as expedições de *arditi* futuristas.

Como o nome de D'Annunzio se manifesta por toda a parte, contentamo-nos em reter o excelente livro de N. VALERI, *D'Annunzio davanti al fascismo*, Florença, 1963, sem esquecer S. CAPRIOGLIO, Un mancato incontro Gramsci-D'Annunzio a Gardone nell'aprile 1921 (Con una testimonianza di P. Togliatti), *Rivista Storica del Socialismo*, jan.-ago. 1962, pp. 263-273.

III — Grupos, partidos, sindicatos [1]

F. CHABOD, *op. cit.*, contém um importante panorama da situação política da Itália no decorrer do após-guerra, que se pode completar com C. MORANDI, *I partiti politici nella storia d'Italia*, Florença, 1963, e J. MEYNAUD, *Les Partis politiques en Italie*, Paris, 1966.

1. Os nacionalistas

A. ORIANI, *La rivolta ideale*, Bolonha, 1926; E. CORRADINI. *L'Ora di Tripoli*, Milão, 1911; *Il nazionalismo italiano*, Milão, 1914; G. PAPINI, G. PREZZOLINI, *Vecchio e*

---

[1]. Para o Partido Popular e os diversos liberais (Salandra, Giolitti, Nitti) faremos referências às bibliografias — citadas abaixo — de F. Chabod e C. Morandi, da mesma forma que P. Alatri, *loc. cit.* G. GIOLITTI, *Mémoires de ma vie*, trad. franc., Paris, 1923; L. STURZO, *L'Italie et le fascisme*, Paris, 1927. A. SALANDRA, *Memorie politiche 1916-1925*, Milão, 1951, apresentam pontos de vista interessantes.

nuovo nazionalismo, Milão, 1914: as nuanças do nacionalismo. Cf. também M. VAUSSARD, *De Pétrarque à Mussolini. Evolution du sentiment nationaliste italien*, Paris, 1961: uma continuidade contestável.

P. ALATRI, *op. cit.*, contém — já se disse — um excelente estudo sobre o nacionalismo. Uma boa introdução: W. ALFF, "Die Associazione Nazionalista Italiana von 1910" in *Faschismus-Nationalsozialismus* (Schriftenreihe des Internationalen Schulbuchinstituts), Brunswick, 1964, pp. 7-27.

R. MOLINELLI, *Per una storia del nazionalismo italiano*, Urbino, 1966: importante quanto à exposição dos programas.

2. O "socialismo nacional"

P. ORANO, *"Colei che siede sovra l'acque": Conferenza pronunciata a Roma il 15 dicembre 1915*, Roma, 1916, ilustra muito bem a conversão de alguns anarco-sindicalistas.

E. ROSSONI, *Le idee della ricostruzione. Discorsi sul sindacalismo fascista*, Florença, 1923; V. AMORUSO, *Il sindacalismo di E. Corradini*, Palermo, 1929: documentos.

G. BOURGIN, *L'Etat corporatif en Italie*, Paris, 1935: um bom quadro dos resultados.

E. SANTARELLI, Le socialisme national en Italie, *Le Mouvenment social*, jan.-mar. 1965, pp. 41-70: a primeira atualização rigorosa sobre esse importante problema.

3. O Partido Nacional Fascista

A. GAMBINO, *Storia del PNF*, Milão, 1962. Jornalismo brilhante.

D. L. GERMINO, *The Italian Fascist Party in Power*, Minneapolis, 1959.

Sobre o período que começa com a "marcha sobre Roma", quando o Partido começa verdadeiramente a desempenhar um papel. Tese minuciosa. A literatura antifascista dos emigrados, evidentemente, insistiu particularmente sobre os aspectos totalitários do PNF. Assim: S. TRENTIN, *Antidémocratie*, Paris, 1930 e *Dix ans de fascisme totalitaire en Italie*, Paris, 1937. Mas aqui ainda se trata do PNF no poder.

IV — Mussolini

B. MUSSOLINI, *Scritti e Discorsi*, Milão, 1934-1940, 13 v.

Edição oficial, cuidadosamente isenta de toda ênfase "subversiva", onde, portanto, não figuram os escritos do período socialista, sendo bastante incompleta quanto ao resto.

Opera omnia, 35 v. anunciados, Florença, a partir de 1951.

Edição completa.

A célebre *Autobiography*, Londres-Nova York, 1928, é uma espécie de contrafação sem grande interesse. Mais interessantes, ainda que se tenha freqüentemente exagerado sua importância, os *Colloqui con Mussolini* de EMIL LUDWIG, Milão, 1950, 3. ed. (1. ed. 1932).

P. VALERA, *Mussolini*, Milão, 1924.

Panfleto. O autor é um socialista que conheceu de perto Mussolini e não lhe perdoa as renegações e contradições. No mesmo sentido, veremos também A. BALABANOFF, *Ricordi di una socialista*, Roma, 1946.

M. SARFATTI, *Dux*, Milão, 1926, forneceu o modelo das biografias escritas durante o *Ventennio*. Assim: G. PINI, *Benito Mussolini — La sua vita fino ad oggi dalla strada al potere*, Bolonha, 1926.

Y. DE BEGNAC, *Vita di Mussolini*, Milão, 1936-1940, 3 v.

Pára em 1922. Apologética. Do mesmo autor, *Palazzo Venezia-Storia di un regime*, Roma, 1951, contém elementos que esclarecem a "psicologia" do Duce. Igualmente atentos em caracterizar o personagem, C. ROSSI, *Mussolini com'era*, Roma, 1947, e P. MONELLI, *Mussolini piccolo borghese*, Milão, 1954 (tr. franc.: *Mussolini petit bourgeois*, Paris, 1955), extremamente vivo, mas limitado.

A. BORGHI, *Mussolini en chemise*, Paris, 1932; A. DE AMBRIS, *Mussolini l'uomo e la leggenda*, Paris, 1930 e, evidentemente, G. DORSO, *Mussolini alla conquista del potere*, Milão, 1961, 2. ed., estão entre as melhores "desmistificações" do Duce.

E. SANTARELLI, *La revisione del marxismo in Italia*. Milão, 1964 (cf. minha exposição em *Le Mouvement social*, abr.-jun. 1966), contém importantes páginas sobre o "mussolinismo" dos anos 1913-1914.

R. DE FELICE, *Mussolini il rivoluzionario, 1883-1920*, Turim, 1965; *Mussolini il fascista. La conquista del potere. 1921-1925*, Turim, 1966, introduzem a uma biografia monumental composta de cinco volumes. Centrada na aventura de Mussolini, tal biografia tende evidentemente a subestimar o peso das estruturas e a importância das lutas de classe no período considerado. O material abrangido é extremamente rico, a minúcia freqüentemente levada ao absurdo. Somente um bom conhecimento da questão permite-nos seguir o autor em seus meandros. Sobre essa obra, poderemos ler com muito proveito a importante discussão entre R. VIVARELLI e L. VALIANI, in *Rivista Storica Italiana*, LXXIX, 2, jun. 1967, pp. 438-481.

A essas obras acrescentamos alguns livros sobre o movimento operário e em particular:

E. SANTARELLI, *Il socialismo anarchico in Italia*, Milão, 1959: chega somente até a Grande Guerra no que concerne à influência (mediatizada) do anarco-sindicalismo, e, mesmo antes, aos anarquistas.

U. FEDELI, Breve Storia dell'Unione Sindacale Italiana, *Volontà*, 1957, n. 9, 10 e 11: como todos os trabalhos do autor, sério e bem documentado. Um aspecto "local" é tratado por G. BIANCO, "Anarchici e sindacalisti rivoluzionari", in G. BIANCO, G. PERILLO, *I partiti operai in Liguria nel primo dopoguerra*, Gênova, 1965.

L. FABRI *La Controrivoluzione preventiva*, Bolonha, 1922: a interpretação anarquista da ascensão do fascismo.

NOTA DE ORIENTAÇÃO

1. Bibliografias, instrumentos de trabalho

"Sur l'Italie mussolinienne", número especial da *Revue d'Histoire de la Deuxième Guerre mondiale*, abr. 1957; C. F. DELZELL, Benito Mussolini: A Guide to Biographical Literature, *The Journal of Modern History*, dez. 1963, pp. 339-353; e principalmente a excelente "Note bibliographique" elaborada por P. ALATRI, in *Le origini del fascismo*, pp. 286-302, remetem-nos ou a obras sobre o fascismo, ou a bibliografias.

Entre as revistas de trabalhos dedicados ao fascismo, assinalamos: R. PARIS, La notion de fascisme. Notes sur quelques livres récents, *Partisans*, set.-out. 1962, pp. 150-168, e E. FASANO GUARINI, Travaux récents sur le fascisme italien, in *Annales E.S.C.*, jan.-fev. 1964, pp. 83-102, da mesma forma que — para o contexto — L'Italie jusqu'au fascisme, in *Annales E.S.C.*, mar.-abr. 1967, pp. 431-442.

Ainda que incompleto, A. LEONETTI, *Mouvements ouvriers et socialistes (Chronologie et bibliographie). L'Italie (Des origines à 1922)*, Paris, 1953, pode ainda prestar-nos bons serviços. Inversamente, G. TREVISANI, *Piccola Enciclopedia del Socialismo e del Comunismo*, 2 v., Milão, 1962-1963, deve ser consultada com muita prudência.

Acrescentemos, enfim, que os fichários da Biblioteca de documentação internacional contemporânea são particularmente bem providos e bem organizados.

2. Jornais, revistas

O ideal seria ler um jornal de cada tendência:

Il Popolo d'Italia (fascista).
Il Corriere della Sera (liberal).
La Stampa ("giolittiano").
L'Idea Nazionale, La Tribuna (nacionalistas).
L'Avanti! (socialista).
Il Soviet, L'Ordine Nuovo (comunistas)[1].
La rivoluzione liberale (dir. P. Gobetti — liberal de esquerda), a partir de 12 de fevereiro de 1922.
Umanità Nuova (anarquista).

Entre as revistas desse período, *Gerarchia* (fascista) e, principalmente, *Politica* (nacionalista) apresentam as grandes linhas da ideologia nacional-fascista.

A imprensa estrangeira seguiu de muito perto a ascensão do fascismo. Cf. a esse propósito os estudos de E. DI NOLFO (L'opinione pubblica europea e l'ascesa al potere di Mussolini, *Il Mulino*, out. 1954), de C. VIVANTI (La stampa francese di fronte al fascismo (luglio 1922-gennaio 1925), *Rivista Storica del Socialismo*, jan.-abr. 1965) e de E. FASANO GUARINI (Il *Times* di fronte al fascismo (1919-1932), *Rivista Storica del Socialismo*, maio-dez. 1965), da mesma forma que o ensaio de P. MILZA, *L'Italie fasciste devant l'opinion française. 1920-1940*, Paris, 1967.

Entre os jornais estrangeiros, dever-se-á reter principalmente *The Times*, o *Daily Mail* (pelos artigos de Sir Percival Phillips) e *L'Humanité* (pelos comentários sempre clarividentes de Jacques Mesnil). Na América do Sul, na mesma época, *El Tiempo* de Lima publica as "Cartas de Italia" de José Carlos Mariátegui, notáveis pela precisão e clareza.

A imprensa da Internacional Comunista concedeu, evidentemente, um vasto lugar ao fascismo e à situação da Itália em geral:

L' Internationale Communiste, La Correspondance Internationale, Mouvement Ouvrier International (Bulletin du Conseil International Provisoire des Syndicats Ouvriers) — nº 1, jan. 1921), *L'Internationale Syndicale Rouge*, tratam pois igualmente dos "ziguezagues do movimento operário" e da situação política e econômica da Itália.

Exceto as revistas de poesia pura, todas as revistas italianas ocupam-se ou ocuparam-se, umas mais outras menos, do fascismo. Deveremos sobretudo reter:

---

1. Lembramos, a respeito, que o Instituto Feltrinelli de Milão acaba de reeditar — em *reprint* — as coleções completas dos jornais comunistas italianos.

Società (1945-1962), Roma.

Movimento operaio (1949-1956), Milão.

Movimento operaio e socialista (desde 1955), Gênova.

Rivista Storica del Socialismo (desde 1958), Milão-Roma-Florença.

Il Movimento di Liberazione in Italia (desde 1949), Milão.

Rivista Storica Italiana (desde o fim da guerra), Nápoles.

Studi Storici (desde 1959), Roma.

Rinascita (desde 1944), Roma-Milão.

Il Ponte (desde 1945), Florença.

Entre as revistas francesas, a *Revue d'Histoire de la Deuxième Guerre mondiale* é inegavelmente a que segue com a maior atenção a Itália desse período.

3. Bibliotecas, arquivos

Os documentos mais importantes estão depositados no Archivio Centrale dello Stato, da mesma forma que — para o período ulterior — nos arquivos de diferentes ministérios. Um certo número de arquivos privados foram amplamente explorados por R. DE FELICE em sua obra *Mussolini,* a qual remetemos, quanto a este ponto.

Algumas bibliotecas são particularmente ricas: Câmara dos Deputados, Instituto Feltrinelli de Milão, Biblioteca Nacional (Florença), Biblioteca de Roma etc.

Alguns centros, enfim, contêm às vezes documentos interessantes: Centro Studi Piero Gobetti (Turim), Centro Ligure di Storia Sociale (Gênova), Instituto Storico della Resistenza in Piemonte (Turim) etc.

Coleção Khronos

1. *O Mercantilismo*, Pierre Deyon.
2. *Florença na Época dos Médici*, Alberto Tenenti.
3. *O Anti-Semitismo Alemão*, Pierre Sorlin.
4. *Mecanismos da Conquista Colonial*, Ruggiero Romano.
5. *A Revolução Russa de 1917*, Marc Ferro.
6. *A Partilha da África Negra*, Henri Brunschwig.
7. *As Origens do Fascismo*, Robert Paris.
8. *A Revolução Francesa*, Alice Gérard.
9. *Heresias Medievais*, Nachman Falbel.
10. *Armamentos Nucleares e Guerra Fria*, Claude Delmas.
11. *A Descoberta da América*, Marianne Mahn-Lot.
12. *As Revoluções do México*, Américo Nunes.
13. *O Comércio Ultramarino Espanhol no Prata*, Emanuel Soares da Veiga Garcia.
14. *Rosa Luxemburgo e a Espontaneidade Revolucionária*, Daniel Guérin.
15. *Teatro e Sociedade: Shakespeare*, Guy Boquet.
16. *O Trotskismo*, Jean-Jacques Marie.
17. *A Revolução Espanhola 1931-1939*, Pierre Broué.
18. *Weimar*, Claude Klein.

IMPRESSÃO:
BARTIRA GRÁFICA E EDITORA S/A
(011) 458 - 0255